プリント形式のリアル過去問で本番の臨場感！

千葉県 市立 稲毛国際中等教育学校

2025年春受験用

解答集

本書は，実物をなるべくそのままに，プリント形式で年度ごとに収録しています。
問題用紙を教科別に分けて使うことができるので，本番さながらの演習ができます。

■ 収録内容

・解答集(この冊子です)

　　書籍ＩＤ番号，この問題集の使い方，最新年度実物データ，リアル過去問の活用，
　　解答例と解説，ご使用にあたってのお願い・ご注意，お問い合わせ

・2024(令和６)年度 ～ 2018(平成30)年度　学力検査問題

・リスニング問題音声《オンラインで聴く》　詳しくは次のページをご覧ください。

問題文などの非掲載につきまして

　著作権上の都合により，本書に収録している過去入試問題の本文や図表の一部を掲載しておりません。ご不便をおかけし，誠に申し訳ございません。

○は収録あり	年度	'24	'23	'22	'21	'20	'19
■ 問題(適性検査)		○	○	○	○	○	○
■ 解答用紙		○	○	○	○	○	○
■ 配点							

全分野に解説 があります

上記に2018年度を加えた7年分を収録しています
2022年度より中等教育学校に移行し，選抜方法が変更になりました
2022年度より放送による英語の問題を実施(音声・原稿ともに収録しています)
注)問題文等非掲載:2024年度適性検査Ⅲの2，2019年度適性検査Ⅰの1

JN132517

Ｋ 教英出版

■ 書籍ID番号

リスニング問題の音声は，教英出版ウェブサイトの「ご購入者様のページ」画面で，書籍ID番号を入力してご利用ください。

入試に役立つダウンロード付録や学校情報なども随時更新して掲載しています。

書籍ID番号 **102212**

（有効期限：2025年9月30日まで）

【入試に役立つダウンロード付録】
「要点のまとめ(国語／算数)」
「課題作文演習」ほか

【リスニング問題音声】
オンラインで問題の音声を聴くことができます。
有効期限までは無料で何度でも聴くことができます。

■ この問題集の使い方

年度ごとにプリント形式で収録しています。針を外して教科ごとに分けて使用します。①片側，②中央のどちらかでとじてありますので，下図を参考に，問題用紙と解答用紙に分けて準備をしましょう（解答用紙がない場合もあります）。

針を外すときは，けがをしないように十分注意してください。また，針を外すと紛失しやすくなりますので気をつけましょう。

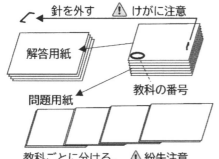

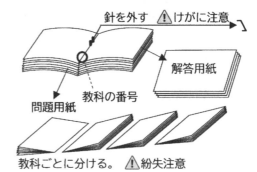

※教科数が上図と異なる場合があります。
解答用紙がない場合や，問題と一体になっている場合があります。
教科の番号は，教科ごとに分けるときの参考にしてください。

■ 最新年度 実物データ

実物をなるべくそのままに編集していますが，収録の都合上，実際の試験問題とは異なる場合があります。実物のサイズ，様式は右表で確認してください。

問題用紙	Ａ４冊子(二つ折り)
解答用紙	Ａ４片面プリント

リアル過去問の活用

~リアル過去問なら入試本番で力を発揮することができる~

🌸 本番を体験しよう！

問題用紙の形式（縦向き／横向き），問題の配置や余白など，実物に近い紙面構成なので本番の臨場感が味わえます。まずはパラパラとめくって眺めてみてください。「これが志望校の入試問題なんだ！」と思えば入試に向けて気持ちが高まることでしょう。

🌸 入試を知ろう！

同じ教科の過去数年分の問題紙面を並べて，見比べてみましょう。

① 問題の量

毎年同じ大問数か，年によって違うのか，また全体の問題量はどのくらいか知っておきましょう。どのくらいのスピードで解けば時間内に終わるのか，大問ひとつにかけられる時間を計算してみましょう。

② 出題分野

よく出題されている分野とそうでない分野を見つけましょう。同じような問題が過去にも出題されていることに気がつくはずです。

③ 出題順序

得意な分野が毎年同じ大問番号で出題されていると分かれば，本番で取りこぼさないように先回りして解答することができるでしょう。

④ 解答方法

記述式か選択式か（マークシートか），見ておきましょう。記述式なら，単位まで書く必要があるかどうか，文字数はどのくらいかなど，細かいところまでチェックしておきましょう。計算過程を書く必要があるかどうかも重要です。

⑤ 問題の難易度

必ず正解したい基本問題，条件や指示の読み間違いといったケアレスミスに気をつけたい問題，後回しにしたほうがいい問題などをチェックしておきましょう。

🌸 問題を解こう！

志望校の入試傾向をつかんだら，問題を何度も解いていきましょう。ほかにも問題文の独特な言いまわしや，その学校独自の答え方を発見できることもあるでしょう。オリンピックや環境問題など，話題になった出来事を毎年出題する学校だと分かれば，日頃のニュースの見かたも変わってきます。

こうして志望校の入試傾向を知り対策を立てることこそが，過去問を解く最大の理由なのです。

🌸 実力を知ろう！

過去問を解くにあたって，得点はそれほど重要ではありません。大切なのは，志望校の過去問演習を通して，苦手な教科，苦手な分野を知ることです。苦手な教科，分野が分かったら，教科書や参考書に戻って重点的に学習する時間をつくりましょう。今の自分の実力を知れば，入試本番までの勉強の道すじが見えてきます。

🌸 試験に慣れよう！

入試では時間配分も重要です。本番で時間が足りなくなってあわてないように，リアル過去問で実戦演習をして，時間配分や出題パターンに慣れておきましょう。教科ごとに気持ちを切り替える練習もしておきましょう。

🌸 心を整えよう！

入試は誰でも緊張するものです。入試前日になったら，演習をやり尽くしたリアル過去問の表紙を眺めてみましょう。問題の内容を見る必要はもうありません。どんな形式だったかな？受験番号や氏名はどこに書くのかな？…ほんの少し見ておくだけでも，志望校の入試に向けて心の準備が整うことでしょう。

そして入試本番では，見慣れた問題紙面が緊張した心を落ち着かせてくれるはずです。

※まれに入試形式を変更する学校もありますが，条件はほかの受験生も同じです。心を整えてあせらずに問題に取りかかりましょう。

《解答例》

1　問一．ライオンがインパラをねらっている　　問二．視点　　問三．A．狩りが成功しますように　B．早く気づいてくれ　　問四．立場が異なれば、情報のとらえ方も異なるということ。　　問五．イ　　問六．イ
問七．ア

2　問１．エ　　問２．(1)a．イ　b．カ　(2)エ　　問３．ウ　　問４．車いすの足元がぶつからず，洗面台に近づきやすくなる　　問５．ウ　　問６．オ

《解説》

1　問二　ライオンがインパラをねらっているという状況は同じだが，ライオンの側から撮るか，インパラの側から撮るかという「カメラの位置」の違いで，見る人は「まったく違う感情を抱く」。この「カメラの位置」の違いは，物事を見る位置，つまり立場の違いということだから，「視点」が適する。
問三A　獲物を見つけられず，衰弱している母親のライオンに対して，「テレビを観ながらあなたは，狩りが成功しますように，と祈るはずだ」(第4段落)と筆者は述べている　　B　ライオンにねらわれている，飢えたインパラの親子に対しては「早く気づいてくれ，と思うはずだ」(第7段落)と述べている。
問四　「カメラの位置」の違いによって，ライオンを応援するか，インパラを応援するか，視聴者の気持ちは全く違ってくる。つまり，「立場」の違いによって，同じ情報に対して「まったく違う感情を抱く」。「これが情報の本質だ」と筆者は述べている。
問五　「真実は人の数だけある」とは，人によって視点が異なるため，真実(だと思うこと)も人によって異なるということ。よって，イの「十人十色」(＝好み，考え方，性格などは人それぞれによって異なるということ)が適する。　ア．「異口同音」は，多くの人が口をそろえて同じことを言うこと。　ウ．「付和雷同」は，一定の主義・主張がなく，他人の意見や行動にすぐ同調すること。　エ．「正真正銘」は，全くうそいつわりのないこと。
問六　テレビ番組をライオン側の視点で撮るか，インパラ側の視点で撮るかで，視聴者の気持ちが変わってくるという具体例を示して，視点の違いによって情報のとらえ方が異なるという筆者の主張をわかりやすく伝えているので，イが適する。
問七　「水にすむ『魚』」は，川の流れや，潮の流れを常に感じている。そのため「魚の目」が「時代や社会の流れ」を感じるということの比喩になっている。

2　問１　エ　　資料２を見ると，貸出冊数は，2016年から2017年にかけて増加している。ア．正しい。旧庁舎が造られたのは1970年，沖縄返還は1972年である。イ．正しい。1970年から2023年の間に，阪神・淡路大震災(1995年)，東日本大震災(2011年)が起きている。ウ．正しい。2019年の貸出冊数が3,547,609冊で，最も少ない。
オ．正しい。一般成人入館者は2013年が175,482人で最も多く，2016年が106,334人で最も少ない。カ．正しい。「その他入館者」が１万人以上だったのは，2012年の10,507人だけである。
問２(1)　a＝イ　b＝カ　a．最も多い月の出火件数は，2014年は5月の34件，2021年は1月の27件だから，その差は，34−27＝7(件)　b．エ．誤り。湿度の最も低い月は，2014年が1月，2021年が2月である。
オ．誤り。2014年の気温が最も低い月は2月である。キ．誤り。こんろの出火件数は，2014年が25件，2021年が22件であり，3件しか減っていない。　(2)　エ　①千葉県全体の棒グラフの方が千葉市の棒グラフより常に高い

ことがわかる。②千葉市の，一人が一日に使う水の量は，2015 年が 272 L，2020 年が 291 L だから，291－272＝19（L）増えている。③浴槽 1 杯を 300 L としていることから，浴槽 1.5 杯分は，300×1.5＝450（L）

問3　ウ　ア．誤り。目標を達成した 2014 年以降，2015 年に一度焼却ごみは増加している。イ．誤り。2009 年の焼却ごみは約 27.8 万トン，2008 年の焼却ごみは約 29.2 万トンだから，29.2－27.8＝1.4（万トン）程度しか減っていない。エ．誤り。老朽化した清掃工場を 1 つ廃止し，清掃工場は北清掃工場と新港クリーン・エネルギーセンターの 2 つになった。

問4　車いすは，右図のように足を置く部分が自分の体より前にでているため，足元がせまいと，顔や体を洗面台に近づけることが難しくなる。

問5　ウ　「千葉氏の主なゆかりの地」は，東日本に 6 か所，西日本に 1 か所ある。ア．誤り。常胤が任命された役職は執権ではなく守護である。イ．誤り。鎌倉は，東，西，北の三方を山に囲まれ，南を海に臨んだ地形であったために，敵に攻められにくいと判断した。エ．誤り。六波羅探題が置かれた場所は京都であり，京都には「千葉氏の主なゆかりの地」はない。

問6　オ　資料 14 で，市役所（◎）から南東に向かって歩いた場合につく場所で，近くに神社（卅）がある場所は，新宿一丁目にある郵便局（〒）である。この郵便局の近くにある神社が 1970 年にもあることを資料 15 で確認し，郵便局から北東に向かって進むと千葉中央駅に着くことを確認する。

《解答例》

1　問1．(1)①25　②ウ　(2)①右グラフ　②11.1

　　問2．(1)①180　②80　(2)カ

　　問3．(1)①3042　②8788　(2)ウ

2　問1．(1)C　(2)エ　(3)ア　　問2．(1)a．ア

　　b．ウ　(2)c．1　d．4　e．0.5

　　問3．(1)①ア，ウ　②B　(2)イ　(3)67

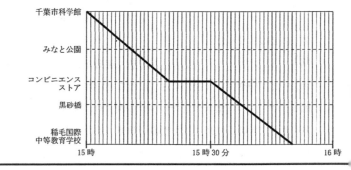

《解説》

1　問1(1)①　みなと公園には9時35分に着き，10時に出発した。よって，みなと公園で休んだ時間は

10時－9時35分＝25分間である。

②　最も速く走っていたのは，グラフの傾(かたむ)きが最も急になっている区間である。よって，ウのコンビニエンスス

トアからみなと公園までの区間となる。

(2)①　千葉市科学館から稲毛国際中等教育学校まで帰るのにかかった時間は15時50分－15時＝50分間である。

このうち，10分間はコンビニエンスストアで買い物をしていたので，自転車で移動していた時間は50－10＝

40(分間)であり，千葉市科学館からコンビニエンスストアまでにかかった時間と，コンビニエンスストアから稲毛

国際中等教育学校までかかった時間は等しく40÷2＝20(分間)である。よって，15時に千葉市科学館を出発し，

15時20分にコンビニエンスストアに着いてから15時30分までは移動せず，15時30分に出発して15時50分に

稲毛国際中等教育学校に着くように，グラフを順に直線で結ぶ。

②　千葉市科学館からコンビニエンスストアまでの道のりは7000－3300＝3700(m)であり，この区間を20分間で

移動した。よって，求める速さは，3700÷20＝185より，分速185m，つまり，時速(185×60÷1000)km＝時速11.1km

である。

問2(1)①　1インチ＝2.5cmだから，前輪と後輪はそれぞれ直径2.5×24＝60(cm)である。前輪と後輪が1回転す

ると，その円周の長さだけ進むから，60×3＝180(cm)だけ進む。

②　回転数の比は歯車の歯数の比の逆比になる。前歯車と後ろ歯車の歯数の比は48：12＝4：1だから，前歯車

と後ろ歯車の回転数の比は4：1の逆比の1：4である。ペダルが1回転すると前歯車も1回転するので，ペダル

を20回転させたとき，後ろ歯車は20×$\frac{4}{1}$＝80(回転)する。

(2)　前歯車の歯数を48個，後ろ歯車の歯数を18個にして，おもりの重さを450gから600gに変えると，後輪が

回る力は91gから121gとなり，大きくなった。よって，おもりを重くした方が後輪が回る力は大きくなる。

おもりの重さを600g，後ろ歯車の歯数を12gにして，前歯車の歯数を40個から48個に変えると，後輪が回る力

は97gから81gとなり，小さくなった。よって，前歯車の歯数を小さくした方が後輪が回る力は大きくなる。

おもりの重さを450g，前歯車の歯数を40個にして後ろ歯車の個数を10個から16個に増やすと，後輪が回る力は

61gから97gとなり，大きくなった。よって，後ろ歯車の歯数が多い方が後輪が回る力は大きくなる。

以上より，後輪が回る力が最も大きくなるものは，カである。

問3(1)① 円柱の展開図は右図のようになる。底面の円の半径は26÷2＝13(m)だから，底面の円の面積は13×13×3＝507(㎡)である。

側面の長方形の縦の長さは26m，横の長さは底面の円の円周の長さと等しく，

26×3＝78(m)だから，側面積は26×78＝2028(㎡)である。

よって，円柱の表面積は507×2＋2028＝3042(㎡)

② ①より，底面の円の面積は507㎡だから，円柱の体積は507×26＝13182(㎥)である。

球の体積と円柱の体積の比は2：3となるので，「きぼーる」の球の体積は$13182×\frac{2}{3}＝8788$(㎥)である。

(2) 球の模型の半径をa㎝とする。立方体の1辺の長さは(a×2)㎝だから，立方体の容積は

(a×2)×(a×2)×(a×2)＝8×a×a×a(㎤)である。

円柱の容積はa×a×3×(a×2)＝6×a×a×a(㎤)である。

よって，2つの入れ物の容積の差は8×a×a×a－6×a×a×a＝2×a×a×a(㎤)であり，これが400㎤

となるので，2×a×a×a＝400　　a×a×a＝400÷2＝200である。5×5×5＝125，6×6×6＝216だ

から，球の模型の半径の長さとして最も近いものはウの6㎝である。

2 **問1(1)(3)** 温められた水は軽くなり上に移動する。したがって，図2において，水道(管B)から入ってきた新しい冷たい水は管Dを通って集熱部の下部に移動し，集熱部で温められると上に移動し，管Cを通って貯湯部にたくわえられる。一番温かい水は貯湯部の最も上(水面のすぐ下)にあり，管Aを通って蛇口（じゃぐち）から使うことができる。

(2) エ○…空気も温められると軽くなり上に移動する。

問2(1) 図3や図4は真南を向いたときの図だから，日の出の方位は真東よりも北寄り，日の入りの方位は真西よりも北寄りになるとわかる。　　**(2)** c．太陽の半径の1.2倍を動くのに1分12秒→1.2分かかったから，太陽の半径の長さを動くのにかかる時間は1.2÷1.2＝1(分)である。　　d．24時間→1440分で360度動くから，1度動くのに1440÷360＝4(分)かかる。　　e．太陽の直径の長さ(半径の2倍)を動くのにかかる時間は2分だから，$1×\frac{2}{4}＝0.5$(度)である。

問3(1)① ア○…脈はくは手首以外に首などで感じることができる。　　イ×…運動をしているとき，心臓が全身に送り出す血液の量は多くなる。　　ウ○…60回のはく動で約4.2L→4200mLの血液を全身に送り出すから，1回のはく動では約4200÷60＝70(mL)の血液を全身に送り出す。　　エ×…必ず心臓にもどってから肺に送り出される。

② 酸素を多くふくむ血液が流れる静脈は，肺から心臓にもどる血管である。　　**(3)** 原尿（げんにょう）にふくまれる尿素の濃（こ）さは$\frac{45}{150000}×100＝0.03$(%)，尿にふくまれる尿素の濃さは$\frac{30}{1500}×100＝2$(%)だから，尿にふくまれる尿素の濃さは原尿にふくまれる尿素の濃さの2÷0.03＝66.6…→67倍である。

《解答例》

1　問1. 1. ア　2. エ　3. ウ　　問2. イ　　問3. ア→エ→イ→ウ　　問4. ア　　問5. 1. エ　2. イ

2　問一. 今できること…今世界で起きている飢餓や紛争について調べ自分なりの考えをもつこと。

将来できること…ボランティア活動に参加したり、食べ物や飲み物を寄付したりすること。

問二. ＜作文のポイント＞

・最初に自分の主張、立場を明確に決め、その内容に沿って書いていく。

・わかりやすい表現を心がける。自信のない表現や漢字は使わない。

さらにくわしい作文の書き方・作文例はこちら！→https://kyoei-syuppan.net/mobile/files/sakupo.html

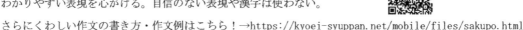

《解　説》

1　問1　2　アは tiger，イは sheep，ウは rabbit である。　　3　(放送文の訳)「2本のきゅうりと3個のタマネギが机の上にあります」よりウが適切。机の下は under the table である。

問2　(放送文の訳)男性「サンドイッチをください」→女性「サンドイッチにトマトはいかがですか？」→男性「はい，お願いします。サンドイッチはいくらですか？」→女性「400円です」より，イが適切。

問3　(放送文の訳)「僕は日曜日，7時30分に起きます。ァ8時に犬の散歩をします。ェ昼食を食べます。ィ友達といっしょに稲毛公園でサッカーをします。ゥ7時にお風呂に入って9時に寝ます」より，ア→エ→イ→ウの順となる。

問4　質問「ボブの好きな動物はどこにいますか？」…ボブの4回目の発言より，アが適切。　　(放送文の訳)ボブ1回目「あやこ，どんな動物が好き？」→あやこ1回目「私はライオンが好き。ライオンが見たいな」→ボブ2回目「この動物園では，2ひきのライオンを見ることができるよ。彼らはクマのそばにいるよ」→あやこ2回目「いいね。あなたはどんな動物が好き？」→ボブ3回目「僕はパンダが好きだよ」→あやこ3回目「どこにいるの？」→ボブ4回目「ァ彼らはサルのそばにいるよ」

問5　(放送文の訳)ルーシー1回目「けんた，夏休みはどうだった？」→けんた1回目「楽しかったよ。僕は家族と千葉に行ったよ。ビーチでバーベキューをしたり，海で泳いだりして楽しんだよ。この写真を見て」→ルーシー2回目「1ェわあ，楽しく泳いでいるわね」→けんた2回目「うん。楽しかったよ」→ルーシー3回目「これはあなたの妹のもも？」→けんた3回目「いや，妹は泳げないよ。ももはこっちだよ」→ルーシー4回目「そっか。1ェああ，彼女は犬といっしょなのね。これはあなたの犬？小さくて白いわね」→けんた4回目「うん。僕の犬のポチだよ」→ルーシー5回目「とてもかわいいね。2ィあなたの家に行ってポチに会いたいな」→けんた5回目「2ィいいよ。今日はどう？」→ルーシー6回目「2ィうれしい！ありがとう」

1　ルーシーの2回目と4回目の発言より，けんたが泳いでいてももが白い小型犬といっしょにいるエが適切。

2　ルーシーの5，6回目とけんたの5回目の発言より，イが適切。

《解答例》

1 問一．ア　問二．ウ　問三．イ　問四．専門家の書　問五．エ　問六．ウ　問七．本さえ読めばすべてがわかるというわけではなく、自分で試してみないわけにはいかないということ。　問八．エ

2 問1．(1)イ　(2)①オ　②カ　③ア　④イ　問2．1つ目…たくさんの人が必要だったから。　2つ目…支配した広い土地が必要だったから。　問3．a．ア　b．カ　問4．A．ウ　B．エ　C．ア　D．イ　問5．ウ

《解　説》

1 問一　筆者は1段落目で、「百聞は一見にしかず」は、「はじめて外国に行ってみると〜『やっぱり自分で来て見てみなければわからないものだなあ』と思うようなもの」と説明している。そして、2段落目で「もちろん〜自分で外国に行ってみても、『じっさい話に聞いた通りだなあ』ということになる程度かもしれません」と前に述べたことと異なる状況をいったん認めておいて、それを「しかし」と否定することで、1段落目の説明を補強している。

問二　ウの「良薬は口に苦し」は、良く効く薬ほど苦くて飲みにくいことから、ためになる忠告ほど耳が痛くて聞きづらいことを意味する。よってウが適する。　ア．「一事が万事」は、一事を見るだけで他のすべても推量できるということ。　イ．「三つ子の魂百まで」の「三つ子」は、三歳の子のこと。幼い時の性質は老年になっても変わらないという意味。　エ．「五十歩百歩」は、わずかな違いはあっても、本質的には同じであること。

問三　直前に「それで」とあるので、この前に理由が書かれているはず。「それで」の前の一文（『何でも自分でやってみる＝体験すると、話を聞くだけだったときとは比べられないほどいろいろなことを知ることができる』ということは、たいていの人が体験していることだと思います」）より、イが適する。

問四　この後に書かれている、「なかなかわからないこと」の具体例、ヨーロッパにおける時刻表とチップの文化について、それぞれ段落の最後で「そういう　③　は本を読んではじめてわかるのがふつうなのです」「そういうことは、それについて書かれた本を読んではじめて知ることができるのです」と述べている。よってこの内容を十四字でまとめた「専門家の書いた本を読んでみる」をぬき出す。

問五　問四の正答部分をふくむ一文に「ふつうの人には見えにくいことや、いくら見てもわからないことは、やはりその道の専門家の書いた本を読んでみるほかないのです」とある。これは　③　をふくむ一文と同じことを説明し直した文だから、「見えにくいこと」と同意の、エの「目につかないこと」が適する。

問六　直後の2文「水泳などの技能は『実地に学ぶ以外にない』というので『実学』とされたのに、科学は『文を読んではじめて学ぶことができる』というので、『文学』の中に入れられたのです」より、ウが適する。

問七　直前に「そういう意味では」とあるので、この前の段落の内容をまとめる。「『本さえ読んでいれば科学も〜すべてわかるか』というと、もちろんそんなことはありません」「江戸時代の『蘭学者＝科学者』たちも〜自分でいろいろと試してみないわけにはいきませんでした」などを参照。「百読」（百回本を読むこと）よりも、「一見(験)」（一つの実験）の方が良くわかるということ。

問八　ヨーロッパの、鉄道の時刻表とチップの文化、江戸時代の蘭学者の話など、具体的で身近な例をあげて説明しているので、エが適する。

2 問1(1) イが正しい。地図の左上にある荒屋敷貝塚の下はトンネルになっており，京葉道路が通っている。
ア．誤り。地図の右下に，地図上での長さと実際の距離を示すスケールバーがある。　ウ．誤り。花輪貝塚の東側を除いて，すぐ近くに住宅がある。　エ．誤り。地図の右上に示されている方角から，地図の左が西になるので，一番西に位置する史跡は荒屋敷貝塚である。

(2)　縄文時代は現在より気温が高く，海岸線はより内陸側にあった(縄文海進)。

問2　資料5・6より，広い土地に古墳をつくり，たくさんの人を働かせていたことがわかる。広い土地や多くの労働力を得るには，強い権力を持つ必要がある。

問3(b)　カが正しい。南房総市の乳用牛の産出額は 105.1×0.272＝28.58… より，約 28.6 億円である。千葉市は 88.3×0.122＝10.77… より，約 10.8 億円，館山市は 40.4×0.141＝5.69… より，約 5.7 億円なので，合計の産出額は約 16.5 億円になり，南房総市のほうが 12 億円以上多い。　エ．匝瑳市の米の産出額は 149.7×0.239＝35.7783(億円)である。他の3市の米の産出額は，千葉市が 7.8587(億円)，館山市が 8.08(億円)，南房総市が 12.8222(億円)で，匝瑳市はこれらの合計より多い。　オ．販売農家は千葉市が 862 戸で，4市の合計の 3988 戸の2割以上である。　キ．4市の中で農産物直売所が最も少ないのは館山市である。

問4　アスシオン市(パラグアイ)…7月は1年の中でも気温が低く，降水量も少ないと書かれているので，ウを選ぶ。　天津市(中国)…3月に気温がやっと0度を超え，降水量も少ないと書かれているので，1・2月で気温が氷点下になっているエを選ぶ。　ヒューストン市(アメリカ)…10月に千葉市より気温は少し高く，降水量は半分くらいと書かれているので，アを選ぶ。　ケソン市(フィリピン)…12月に千葉市より降水量が少し多く，半そでで過ごせるとあるので，イを選ぶ。

《解答例》

1　問1．(1)ア．80　イ．120　(2)面積…900　体積…1170000　問2．1.6　問3．(1)①ア．49　イ．0.98

　ウ．0.02　エ．0.2　②1.36　(2)砂浜1…0.04　砂浜2…1.27

2　問1．(1)イ　(2)ア，エ，カ　　　問2．(1)ウ　(2)ア　　　問3．(1)ウ，オ，カ　(2)①イ　②30

《解　説》

1　問1(1)　AからFまでは，8.5－4.5＝4（m）下がるので，$20×\frac{4}{1}$＝80（m）進む。よって，【ア】＝80

　EからDまでは，4.5－0.5＝4（m）下がるので，80m進む。よって，【イ】＝200－80＝120

　(2)　図1について，右のように記号をおく。

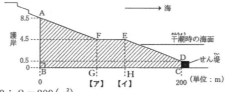

　台形ABGFの面積は，（AB＋FG）×BG÷2＝

　（8.5＋4.5）×80÷2＝520（㎡）

　長方形FGHEの面積は，FG×GH＝4.5×（120－80）＝180（㎡）

　台形EHCDの面積は，（EH＋DC）×HC÷2＝（4.5＋0.5）×80÷2＝200（㎡）

　よって，六角形ABCDEFの面積は，520＋180＋200＝900（㎡）

　建設時に用いた砂は，六角形ABCDEFを底面とすると高さが1300mの柱体となるので，体積は，900×1300＝

　1170000（㎥）

　問2　のりしろの部分に注意すると，図3の容器は，縦が20－（4＋2）×2＝8（㎝），横が22－6×2＝10（㎝），

　高さが6㎝だとわかるので，容積は，8×10×6＝480（㎤）である。

　③，④より，砂が480㎤ある場合の重さは，778－10＝768（g）である。

　よって，この砂が1㎥＝1m×1m×1m＝100㎝×100㎝×100㎝＝1000000㎤あったとすると，砂の重さは，

　$768×\frac{1000000}{480}$＝1600000（g），つまり，$\frac{1600000}{1000×1000}$＝1.6（t）になる。

　問3(1)①　図4bについて，副尺の0は本尺の20，副尺の10は本尺の69を指しているから副尺の0から10

　までの実際の長さは，69－20＝ア 49（㎜）である。副尺の0から10までは50めもり分あるから，副尺の1めもりの

　実際の幅は，49÷50＝イ 0.98（㎜）であり，本尺の1めもりの幅と，1－0.98＝ウ 0.02（㎜）ずれている。

　図5について，副尺の0のめもりは，副尺の2のめもりより10だけ左にあるので，すぐ左にある本尺のめもりから

　0.02×10＝エ 0.2（㎜）だけ右にずれている。

　②　図6について，副尺の0のめもりは，副尺の矢印を付けためもりより18だけ左にあるので，すぐ左にある

　本尺のめもり（1㎜を表すめもり）から0.02×18＝0.36（㎜）だけ右にずれている。

　よって，求める大きさは，1＋0.36＝1.36（㎜）である。

　(2)　（平均）＝（合計）÷（個数），（合計）＝（平均）×（個数）で求められることを利用する。

　砂浜1について，花子さん，太郎さん，次郎さんがはかった砂の粒の大きさの合計はそれぞれ，0.03×4＝0.12（㎜），

　0.03×6＝0.18（㎜），0.0425×8＝0.34（㎜）である。よって，3人がはかった砂浜1にあった砂の粒の大きさの

　平均は，（0.12＋0.18＋0.34）÷（4＋6＋8）＝0.64÷18＝0.035…より，0.04㎜である。

　砂浜2について，花子さん，太郎さん，次郎さんがはかった砂の粒の大きさの合計はそれぞれ，1.06×4＝4.24（㎜），

　1.35×6＝8.1（㎜），1.32×8＝10.56（㎜）である。よって，3人がはかった砂浜2にあった砂の粒の大きさの

　平均は，（4.24＋8.1＋10.56）÷18＝22.92÷18＝1.273…より，1.27㎜である。

2 問1(1) アサリの数以外の条件を同じにする。アサリの数が多い方がにごりがなくなりやすいことが確かめられれば，アサリが水をきれいにしたことがわかる。　(2) ヒトの手によって外部から生物をもちこんで放す行為は，外来生物を放す行為と考えられる。これにより，その地域にすむ生物や環境などに大きな影響を与える可能性がある。

問2(1) 影は太陽と反対の方向にできるので，太陽は影を反対に伸ばした直線の方向にある。また，太陽が高い位置にあるほど，影は短くなり，影に入った人からは太陽は見えない。よって，図1で，千佳さんは千葉ポートタワーの影の左側にいて，影は千佳さんの近くまで伸びているので，千佳さんからは，千葉ポートタワーの最上部付近の右側に太陽が見える。　(2) 図1で影の向きは北西だから，太陽は南東の方向にあることがわかる。太陽は東の地平線からのぼり，正午(12時)ごろに真南の空を通り，西の地平線にしずむので，9時ごろである。

問3(1) ふりこの長さ以外の条件が同じAとBとC，DとEとFなどを比べると，ふりこの長さが長いほど1往復する時間は長くなり，最下点での速さも大きくなることがわかる。また，おもりの重さ以外の条件が同じAとG，BとHなどを比べると，1往復する時間と最下点での速さはおもりの重さによって変わらないことがわかり，ふれはば以外の条件が同じAとD，BとEなどを比べると，1往復する時間はふれはばによって変わらないが，ふれはばが大きいほど最下点での速さが大きくなることがわかる。　(2)① ふりこの長さ以外の条件が同じAとBとC，DとEとFなどを比べると，ふりこの長さが4倍(2×2倍)，9倍(3×3倍)になると，1往復する時間が2倍，3倍なることがわかる。正方形の面積が4倍，9倍になると，1辺の長さは2倍，3倍になるので，正方形の面積がxを用いた値，1辺の長さがyを用いた値で表せる(ア～ウのどれかが正答である)。ここで，表1より，xが1.00のときyが2.0だから，yに2をあてはめたとき，xが1になる図はイである。　② フーコーのふりこが1往復する時間は110÷10＝11(秒)である。表1より，ふりこの長さが0.25mのときの1往復する時間が1.0秒だから，ふりこの長さは0.25×11×11＝30.25→30mとなる。

《解答例》

1　問1．1．エ　2．ウ　3．ウ　　問2．ア　　問3．イ　　問4．エ　　問5．1．エ　2．イ

2　問一．①相手の後ろ　②走ること　③風の抵抗　④スパートをかける

問二．（例文）

　　担任の先生が退職される時に、クラス全員で感謝の気持ちを伝えることに取り組みました。

　　先生にこれまでの感謝の気持ちを伝えるために、クラスの全員分の寄せ書きと花たばをわたし、先生の好きな歌を合唱するという計画を立てました。サプライズで喜んでもらうために、先生にはないしょで準備を進め、放課後に歌の練習をしたり、寄せ書きを書いたりしました。

《解　説》

1　問1　1　cap「ぼうし」　　2　calligraphy「書道」　　3　I want a pencil and a bag.「私は鉛筆とかばんがほしい」

　　問2　ジョン「僕はスポーツが好きだよ」→まり「どんなスポーツが好きなの，ジョン？」→ジョン「バスケットボールとサッカーだよ。君はバスケットボールが好き，まり？」→まり「いいえ，ァ私はバレーボールが好きだよ」

　　問3　はるき「稲毛公園に行くの，ジャネット？」→ジャネット「ィうん，行くよ。私はいつも犬と散歩をしているよ」→はるき「いいね」→ジャネット「はるきは稲毛公園に行くの？」→はるき「うん。いつも友達と一緒に行くよ」

　　問4　こうじ「こんにちは，モモが3つ欲しいのですが」→店員「今，モモはありませんが，リンゴならありますよ」→こうじ「わかりました。いくつありますか？」→店員「リンゴは4つあります」→こうじ「ェでは，3つください」

　　問5　ボブ「まき，お誕生日おめでとう！誕生日に何が欲しい？」→まき「ありがとう，ボブ。筆箱が欲しいよ」ボブ「何色がいい？」→まき「1ェ私は白が好きだよ。誕生日に白い筆箱が欲しいな」→ボブ「わかった。1ェイチゴは好き？」→まき「1ェうん」→ボブ「ネコは好き？」→まき「1ェいや，私はウサギが好きだよ」→ボブ「わかった。君の誕生日はこれにしよう。気に入った？」→まき「うん。ありがとう」→ボブ「誕生日パーティーをしよう。火曜日はどう？」→まき「ごめん。2ィ火曜日と土曜日はピアノのレッスンがあるの」→ボブ「2ィ木曜日はどう？」→まき「2ィいいね」

2　問一　「大阪の選手」が大貴の後ろについたときのことだから、「相手の後ろ」につくことで、どのような利点があり、どのような駆け引きが生まれるのかを読みとる。第6～7段落からぬき出す。

《解答例》

1 問一．古今東西　問二．ネットには膨大な量の情報があるから。　問三．ウ　問四．エ　問五．じっくり
と腰を据えて辛抱強く読書をしている状態。　問六．辛く悲しい～らします。　問七．ウ→イ→エ→ア

2 問1．E，H　問2．エ　問3．(1)a．エ　b．ア，オ　(2)ウ　問4．a．オ　b．ウ　c．ク

《解　説》

1 問二　直前の段落に，ネット上には膨大な量の情報があることが説明されている。これを受けて，波線部②のように述べている。

問三　現代人は，「イントロを聴いていることができ」ずに，次の曲を探しはじめてしまう。これは，インターネットの影響により「我慢できなく」なったということである。次の段落では，これに関連する話として，「現代人の集中力が低下していることを示す研究」を取り上げている。筆者は，スマホが普及したことで，現代人の集中力が低下したと結論づけている。つまり，我慢してイントロを聴いていることができなくなったのは，インターネットの影響，特にスマホの普及によって集中力が低下したからである。よって，ウが適する。

問四　④については，前の行に，「ネット上の情報を読むのと，読書とは行為として全然違います」とある。これを言いかえると，「ネットで文章を読む」場合，私たちは読書をしているのではない(つまり読者ではない)ということになる。　⑤　直後の2文で，「ネットで文章を読む」とはどういうことかを説明している。「こちらが主導権を握っていて，より面白いものを選ぶ～消費していく感じ」とあるので，「ネットで文章を読む」場合，私たちは消費者だといえる。

問五　波線部⑥は，直前の「じっくり腰を据えて話を聞く」状態をたとえたもの。また，この状態では，「退屈でも簡単に逃げるわけには」いかず，「辛抱強く話を聞き続け」る，つまり，辛抱強く読書を続けなければならない。

問六　2つ前の段落の，「人の気持ちがわかるように」なる，「強さや自信に」なる，「人格に変化をもたら」すなどが，波線部⑦の具体的な内容である。

問七　ウの「読書よりも実際の体験が大事だ」を受けて，イで「その通りです」と認めつつ，エで「でも～読書と体験は矛盾しない」と，筆者の考え方を述べ，アでそのことをくわしく説明している。

2 問1　③より，1871年11月時点は印旛県(A)・新治県(B)・木更津県(C)と判断する。④より，1873年6月時点は新治県(D)・千葉県(E)と判断する。⑤より，1875年8月は埼玉県(F)・茨城県(G)・千葉県(H)と判断する。

問2　エが誤り。選挙当日の千葉市の投票数は，昭和52年が$437860 \times 0.65 = 284609$(人)，昭和56年が$479469 \times 0.25 = 119867.25$(人)なので，昭和52年の方が約16万人多い。

問3(1)(a)　エがふさわしい。資料6より，千葉港の輸入において，51.7%が石油，15.6%が液化ガスであること，輸出において20.8%が石油製品であることが読み取れる。アは名古屋港，イは東京港，ウは大阪港。

(b) アとオがふさわしい。　イ．資料8より，南アメリカ大陸のチリが含まれている。

ウ．資料7より，輸出入を合わせた貨物取扱量において，全世界合計に占めるオーストラリアの割合は約5分の1である。　エ．資料7より，輸出入を合わせた貨物取扱量は，韓国が4014870 t，アメリカ合衆国が5750439 tだから，韓国はアメリカ合衆国よりも少ない。

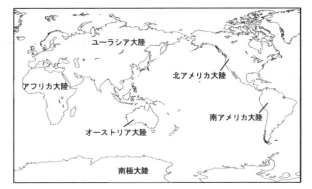

カ．資料8より，ユーラシア大陸の他にオーストラリア大陸，北アメリカ大陸，南アメリカ大陸の国も含まれる。

(2) お父さんの言葉に着目すると，千葉ポートタワーの右に郵便局（〒），左に美術館（🏛）が見えることから，ウと判断する。

問4 a　オ．ごみを再利用する（リサイクル）取り組みである。　　b　ウ．ごみの発生をおさえる（リデュース）取り組みである。　　c　ク．ごみの発生をおさえる（リデュース）取り組みである。「リサイクル」「リデュース」にそのままの形体で繰り返し使う「リユース」を加えた3Rを進め，新たな天然資源の使用を減らす「循環型社会」が目指されている。

《解答例》

1 問1．(1)花子…220　次郎…200　(2)千葉公園／作草部　(3)①11.92　②89.4　　問2．(1)ア．15　イ．4
　　ウ．320.28　(2)329.7

2 問1．(1)A　(2)イ　　問2．あ　理由…あの方が支点からの距離が長いから。
　　問3．ア．あ　イ．◎　ウ．Ⓛ　エ．☺

《解　説》

1 問1(1)　花子さんは作草部駅から千城台駅までの 12.0－1.8＝10.2(km)を電車で移動する。

大人運賃が 430 円なので，花子さんが支払った運賃は，430÷2＝215 より，220 円である。

次郎さんは穴川駅から千城台駅までの 12.0－3.4＝8.6(km)を電車で移動する。

大人運賃が 390 円なので，次郎さんが支払った運賃は，390÷2＝195 より，200 円である。

(2)　進んだ時間と距離をまとめると，右表のようになる。

千葉公園駅と作草部駅の間は，1 分で 0.7 km 進むので，この速さで

進めば，2 分で 0.7×2＝1.4(km)，3 分で 0.7×3＝2.1(km)進む。

他の一駅間で，2 分で 1.4 km，3 分で 2.1 km 以上進むものはない

ので，最も速いのは，千葉公園駅と作草部駅の間である。

	進んだ時間(分)	進んだ距離(km)
千葉→千葉公園	2	1.1
千葉公園→作草部	1	0.7
作草部→天台	2	0.7
天台→穴川	2	0.9
穴川→スポーツセンター	2	0.6
スポーツセンター→動物公園	2	1.2
動物公園→みつわ台	2	1.0
みつわ台→都賀	3	1.5
都賀→桜木	2	1.3
桜木→小倉台	2	1.2
小倉台→千城台北	2	1.0
千城台北→千城台	2	0.8

(3)①　図1，2より，モノレールの先端が 29.8m(モノレールの全長)

進むのに 2.5 秒かかるとわかる。よって，求める速さは，

秒速(29.8÷2.5)m＝秒速 11.92m

②　図2，3より，モノレールの後端が橋脚Aから橋脚Dまでの

長さだけ移動するのに，10－2.5＝7.5(秒)かかるとわかる。

よって，求める長さは，11.92×7.5＝89.4(m)

問2(1)　全体と穴の直径の差は 10－4＝6 (cm)，つまり，60 mm である。層を 1 つ増やすごとに直径が 2×2＝

ィ4 (mm)大きくなるので，全部で 60÷4＝ァ15(層)ある。

層の一番内側を考えると，1 層目の直径が 4 cm で，層を 1 つ増やすごとに直径が 4 mm＝0.4 cm 大きくなるから，

2 層目の直径が 4.4 cm，3 層目の直径が 4.8 cm，…15 層目の直径が 10－0.4＝9.6(cm)となる。等間隔にAからB

まで並んだn個の数の和は，$\frac{(A＋B)×n}{2}$ で表せることを利用すると，15 層の円周の長さの和は，

$4×3.14＋4.4×3.14＋…＋9.6×3.14＝(4＋4.4＋…＋9.6)×3.14＝\frac{(4＋9.6)×15}{2}×3.14＝_ウ320.28(cm)$

(2)　大きい円柱と小さい円柱の底面の半径はそれぞれ 10÷2＝5 (cm)，4÷2＝2 (cm)で，高さはともに 5 cm だ

から，バウムクーヘンの体積は，5×5×3.14×5－2×2×3.14×5＝(125－20)×3.14＝329.7(cm³)

これを高さ 5 cm，縦の長さ 0.2 cm の直方体にすると，横の長さは，329.7÷5÷0.2＝329.7(cm)になる。

問1 図1で，aから明るさをだんだん明るくしていったとき，明るさがbになって先に(より暗いときに)成長できるようになるBが，暗いところでも育つカシ類のシラカシだと考えられる。よって，Aがアカマツであり，アカマツは明るさがc以上にならないと成長できないので，b～cの明るさでは，シラカシしか育たない。

問2 受け口を支点として，木を回転させるはたらき〔引く力×支点から力点までの距離〕が一定の大きさになると木がたおれる。木を回転させるはたらきが同じとき，支点から力点までの距離が長いほど，引く力は小さくなる。

問3 ワセリンをぬった部分からは水分が出ていかない。また，水面からは水が蒸発する。よって，A～Eで，水分が蒸発(蒸散)した場所と減少量をまとめると右表のようになる。葉の表からの減少量は，AとBの差より，

	A	B	C	D	E
葉の表	○		○		
葉の裏	○	○			
茎	○	○	○	○	
水面	○	○	○	○	○
減少量(g)	10.1	8.4	2.0	0.4	0.1

$10.1-8.4=1.7(g)$，または，CとDの差より，$2.0-0.4=1.6(g)$と求められる。葉の裏からの蒸散量は，AとCの差より，$10.1-2.0=8.1(g)$，または，BとDの差より，$8.4-0.4=8.0(g)$と求められる。茎の蒸散量は，DとEの差より，$0.4-0.1=0.3(g)$と求められる。

《解答例》

1 問1．1．イ 2．エ 3．イ 問2．エ 問3．イ 問4．ウ 問5．1．ウ 2．ア

2 問一．子供たちが精神的に大きく成長している

問二．（例文）

　私は、成長のために必要なことは、自分自身を素直に見つめる姿勢だと思う。

　なぜなら、自分自身を知らなければ、成長するための努力点がわからないと思うからだ。学級委員選挙に、A君と私が立候補し、多数決の結果、私は大差で落選した。この経験は自分自身を見つめる機会になった。それまでの私は自己中心的で協調性がなかったことに気づいた。その後、努力を重ね、少しずつではあるが、成長できたと感じている。

《解　説》

1 問2　A「サラダはいかがですか？」→B「いえ，ジュースがほしいです。何がありますか？」→A「りんごとオレンジがあります」→B「サンドイッチといっしょにオレンジジュースをください」より，エが適切。

問3　A「やあ，エミリー。どんな動物が好き？僕は犬が大好きだよ。犬を飼っているんだ」→B「あら，だいき。犬と猫が好きだよ」→A「犬を飼いたい？」→B「いいえ。私は猫を2匹飼っているわ」より，イが適切。

問4　A「こんにちは，ジャック。土曜日はどこに行きたい？」→B「友達のケンとフジ川に行きたいな。釣りが好きなんだ」→A「ああ，それはいいわね！私はイロハ湖に行きたいわ。湖のそばの木や花は美しいの」→B「ああ，いいね！祖父と僕は夏休みにイロハ湖で釣りを楽しんだよ」より，ウが適切。

問5　1　A「すみません。ＡＢＣ病院はどこですか？」→B「まっすぐ進んで，さらにまっすぐ進んで，右に曲がってください。次にまっすぐ進んで，左に曲がってください。ＡＢＣ病院はコンビニのそばにあります」より，ウが適切。　2　A「郵便局に行きたいです。どこですか？」→B「まっすぐ進んで，さらにまっすぐ進んで，左に曲がってください。まっすぐ進むと，右側にあります」より，アが適切。

2 問一　波線部の前後に，「(保育園児だった)少女は悔し涙を我慢するほどに成長していた」「かつて私にも，こんなふうに成長していた子供時代が本当にあったのだろうか。今となってはもう，思い出せない」とある。筆者は，少女の姿を見て，子供たちがほんの数年で精神的に大きく成長していることを実感している。

《解答例》

一　問一．好きなとき、好きな場所で自習したり教員とやりとりすることができる　　問二．一長一短

問三．ウ、オ　　問四．学ぶことの有用性や価値を語れないから。

問五．(例文)授業以外の時間もふくめて、友だちと学び合える／

　休校期間中は、自分で勉強したり、本を読んだりして、いろいろなことを学べた。しかし、友だちと会えなかったので、勉強で分からないところを教えてもらったり、おたがいの考えを聞いて話し合ったりすることはできなかった。

　それに比べて学校では、毎日のように友だちと会い、自然にいろいろな話をする。そうした中でおたがいの考えを知り、様々なし激を受け、学び合うことができる。

2　問１．ウ　　問２．エ　　問３．ウ　　問４．エ

　問５．[a／b／c]　成田市…[イ／オ／北東]　鎌ケ谷市…[ウ／ク／北西]

《解　説》

一　問一　【資料】の第２～３段落にオンライン授業の利点が説明されている。「空間的隔絶(かくぜつ)を勘定(かんじょう)に入れなくてよい」「『時間の制約』からも解放される」とあるように、オンライン授業は、時間や場所にとらわれないのが特徴(とくちょう)だ。よって、「好きなとき、好きな場所で自習したり教員とやりとりすることができる」ことが、オンライン授業の利点と言える。

問三　「千花さんが言っている『探究活動』とは」、「自分の課題を持って、その情報を集めて、問題解決の方法を自分なりに考えて、伝えること」である。「課題を持つ」「情報を集める」「問題解決の方法を考える」「伝える」の全てを満たしているウとオが適する。

問四　最後の文に「～こそが彼ら(かれ)(＝子どもたち)がそれ(＝教科)を学ばなければならない理由だからである」と述べられていることに着目する。「こそ」で強調されている「子どもたちが学ばなければならない理由」は、直前の「学ぶことの有用性や価値について語る言葉をまだ持っていない(＝語れない)」からである。

問五　④には、「三人の会話をふまえて」、学校で学ぶということには、どのような良さがあると思うかを書く。「みんなに会えるってやっぱりうれしいね」「ぼくは休校期間中、とてもひまで困(こま)ったな。やっぱり学校があったほうがいいや」「休校期間中はなんとなく不安だった」「やっぱり、こうやって、同じ場所で話すことって、勉強になるよね」などを参考にする。また、自分自身の生活をふりかえり、「休校期間中の生活と学校での生活を比較(ひかく)し」て、「学校で学ぶことの良さ」についてまとめる。メモをとってから書き始めるとよい。

2　問１　ウを選ぶ。地震が及ぼす二次災害には、家・ビル・橋などの倒壊(写真１)、地割れ(写真２)、液状化現象(写真３)、津波(写真４)などがある。大雨では洪水や土砂災害、火山噴火では噴石・火砕流・火山灰、台風では大雨・洪水・高潮などが発生する。

問２　Aには「自助」、Bには「公助」、Cには「共助」、Dには「避難所に避難する」、Eには「消防隊を派遣する」、Fには「避難できる場所を提供する」が入る。よって、エがふさわしい。

問３　ウ．年齢が上がるにつれて利用率が上昇傾向のAをラジオ、利用率が低下しているBをホームページやアプリと判断する。残ったうち、学校や仕事に行っていない高齢者の方が参加しやすい地域の集会を、60歳以上で利用率

が高いDと判断し，国や地域が作るパンフレットをCと判断する。

問4　エがふさわしい。資料2と資料3を，海岸線で合わせて1つにまとめてみればよい。そうすれば，地点Dが海抜24m付近であり，最も近い避難場所が大洗キャンプ場だとわかる。　　ア．地点Aから最も近い避難場所の旧祝町小に向かうには県道108号線を北西に進む。　　イ．中根医院は，地点Bから見て北西に位置しており，県道173号線があるため，車で進んで旧祝町小に避難するのがよい。　　ウ．地点Cから最も近い避難場所の大洗キャンプ場に向かうには，大鳥居前の信号を左折し，県道2号線を西方面に車で移動する。

問5 a・b　表2より，総人口に対する外国人の割合が高い成田市をⅠ，総人口に対する高齢者の割合が高い勝浦市をⅡ，1つの指定避難所あたりの総人口の割合が高い鎌ケ谷市をⅢ，県外からの転入者数が高い市川市をⅣと判断できるので，成田市はイとオ，鎌ケ谷市はウとクを選ぶ。勝浦市はアとカ，市川市はエとキである。

c　表3より，総人口に対する外国人の割合が高い5市町村は北東，総人口に対する高齢者の割合が高い5市町村は南，1つの指定避難所あたりの総人口の割合が高い5市町村は北西，県外からの転入者数が多い5市町村は北西の地域に多い。

《解答例》

1　問1．(1)白／赤／青／緑　(2)6　　問2．(1)8個入り…14　9個入り…7　(2)278.5

　　問3．(1)3　(2)60÷3.14÷2−3　　問4．(1)右グラフ

　　(2)①○　②×　③○

2　問1．(1)A／C，E／H　(2)[水／空気／温度／明るさ]　A．[あり／あり／約5℃／明るい]

　　H．[あり／あり／約5℃／暗い]

　　(3)イ　(4)右図

　　問2．(1)エ　(2)エ　(3)ウ

時間別の参観者数の割合

| 1時間目 | 大人 | 高学年 | 中学年 | 低学年 | その他 |

0　10　20　30　40　50　60　70　80　90　100%

案1 / 案2

0　2　4　6　8　10　12　14　16　18　20　22　24(時間)

《解　説》

1　問1(1)　アは半径が 60÷2＝30(cm) の円なので，面積は，30×30×3.14＝2826(cm²)

イの面積は，60×80÷2＝2400(cm²)

ひし形の面積は(対角線)×(対角線)÷2で求められるから，ウの面積は，60×120÷2＝3600(cm²)

かべ紙は縦1m＝100cm，横5m＝500cmだから，エの面積は，100×500−(2826＋2400)×2−3600＝35948(cm²)

よって，赤で2826×2＝5652(cm²)，青で2400×2＝4800(cm²)，緑で3600cm²，白で35948cm²だけぬるから，

ぬる面積の大きい順に色を並べると，白，赤，青，緑となる。

(2)　(1)をふまえる。1m²＝1m×1m＝100cm×100cm＝10000cm²だから，同じかべ紙を18枚作るとき，青でぬる

のは 4800×$\frac{1}{10000}$×18＝8.64(m²) である。よって，8.64÷1.2＝7余り0.24より，青の絵具は全部で8本必要だか

ら，あと 8−2＝6(本)必要である。

問2(1)　175÷8＝21余り7より，8個入りを21箱注文すると，ボールをあと7個必要になる。8個入り1箱を

9個入り1箱に置きかえると，ボールが 9−8＝1(個)増えるから，9個入りを7箱，8個入りを 21−7＝

14(箱)注文するとよい。

(2)　右のように作図する。色のついた部分の面積は，半径が 10÷2＝5(cm) の円の面積3つ

分と，太線で囲まれた部分の面積8つ分の和である。

太線で囲まれた部分の面積は，1辺が5cmの正方形の面積から，半径が5cm，中心角が90°

のおうぎ形の面積をひけばよいので，5×5−5×5×3.14×$\frac{90°}{360°}$＝25−19.625＝5.375(cm²)

よって，求める面積は，5×5×3.14×3＋5.375×8＝235.5＋43＝278.5(cm²)

問3(1)　実際の時計の時間は午後0時15分だから，学校から家までの5kmを午後1時−午後0時15分＝45分で

移動しなければならない。5kmをすべて歩くとすると 15×5＝75(分)かかるから，ここからあと 75−45＝30(分)

早く移動しないと間に合わない。5kmのうち1kmを歩きから走りに変えると，家に着くまでの時間が 15−5＝

10(分)早くなるから，30÷10＝3(km)以上は走らないと間に合わない。

(2)　長針は1周を60分で移動するから，長針が1周したときにできる円周の長さは，1.47×60(cm)

また，長針が1周したときにできる円は，長針を半径とする円だから，(円周)＝(半径)×2×3.14より，

長針の長さは，(円周)÷3.14÷2＝1.47×60÷3.14÷2(cm)

短針は長針よりも3cm短いから，短針の長さは，1.47×60÷3.14÷2－3 (cm) である。

問4(1) 1時間目は合計で200人訪れたので，割合は，大人が$\frac{62}{200}$×100＝31(%)，高学年が$\frac{48}{200}$×100＝24(%)，中学年が$\frac{40}{200}$×100＝20(%)，低学年が$\frac{32}{200}$×100＝16(%)，その他が$\frac{18}{200}$×100＝9(%)である。

(2) ①．資料1より，3時間目の参観者数の割合は，大人が30%，高学年が56－30＝26(%)，中学年が75－56＝19(%)，低学年が91－75＝16(%)，その他が100－91＝9(%)で大人が一番多いから，正しい。

②．表1より，2時間目の小学生の参観者数は，58＋44＋39＝141(人)である。

表1より，2時間目の大人の参観者数の割合は$\frac{70}{243}$×100＝28.8…(%)と計算できるが，資料1では29%となっているので，この割合は小数第一位を四捨五入していると判断できる。よって，資料1より，実際の3時間目の小学生の参観者数の割合は91.5－29.5＝62(%)より小さいから，3時間目の小学生の参観者数は，215×$\frac{62}{100}$＝133.3より，134人より少ない。よって，正しくない。

③．表1より，2時間目の低学年の参観者数は39人である。資料1より，実際の3時間目の低学年の参観者数の割合は91.5－74.5＝17(%)より小さいから，3時間目の低学年の参観者数は，215×$\frac{17}{100}$＝36.55より，37人より少ない。よって，正しい。

2 **問1(1)** ある条件が必要かどうかを調べるとき，その条件以外を同じにして結果を比べる実験を対照実験という。発芽に空気が必要かどうかを調べるので，空気以外の条件が同じAとC，EとHを比べる。なお，これらを比べることで，アサガオの発芽には空気が必要だとわかる。　　　**(2)** 発芽したAとHを選び，それぞれについて温度の条件だけが異なるようにする。　　　**(3)** イ○…つぼみをつけた鉢1〜3の光を当てなかった時間は9時間以上で，つぼみをつけなかった鉢4，5の光を当てなかった時間は6時間以下だから，光を当てない時間を9時間以上とるとつぼみをつけると考えられる。　　　**(4)** 鉢3と鉢4の結果より，光を当てない時間を9時間とるとつぼみをつけ，光を当てない時間が6時間だとつぼみをつけなかったので，光を当てない時間を7時間と8時間とったときの結果を調べれば，さらに時間を特定することができる。

問2(1) エ○…図Ⅰのように満ち欠けする。　　　**(2)** エ○…月は常に同じ面を地球に向けているので，①の月(新月)の暗い面上に置いたAは，⑤ではエの位置にある。　　　**(3)** ウ○…三日月のときには，月が図1の②の位置にあり，太陽からの光が地球で反射して月面を照らしやすい。

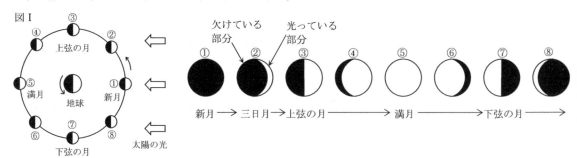

《解答例》

1 問一．イ　　問二．有害物質を吸着する　　問三．ウ，オ

問四．（例文）

　わたしにできる取り組みは、外出時の飲み物をマイボトルに入れて持っていくこと、つめかえ用の商品を選ぶこと、お弁当などのプラ容器をきれいに洗うことです。

　マイボトルを使えば、ペットボトルのごみが出ません。つめかえ用にすれば、プラスチックボトルはくり返し使えます。よごれたプラごみは洗うのにコストがかかるため、リサイクルに回せないと聞きますが、洗って回収に出せば、再生利用の原料になります。このような理由から、プラスチックごみを減らすことに有効な取り組みだと考えます。

2 問1．ウ　　問2．ウ　　問3．(1)a．ア　　c．オ，カ　(2)b．奈良　(3)d．ウ　e．カ

《解　説》

1 問一　資料Aから，プラスチックごみの分解には，短いもので数十年，長いものだと 600 年もの時間がかかることが読み取れる。よってイが適する。アは，（　①　）の前の「プラスチックは〜世界中でいろいろなものに使われているんだけど」という内容と重複するので適さない。ウとエは，グラフからは読み取れない内容なので適さない。

問二　資料Bの2段落に「（マイクロプラスチックの）回収は困難なうえ，分解されず長く海を漂う」とあり，次の段落に「海に溶け込んでいる〜有害物質を吸着する」と書かれている。

問三　ア．1段落に「プラスチックの微細なごみ〜への懸念が国際的に強まっている。日本近海は特に汚染がひどいとの分析もある」とあるから，選択肢の「ヨーロッパ諸国で特に」の部分が適さない。　イ．「食物連鎖」とは，生物が“食う・食われる”の関係によってつながっていること。その中で有害物質が濃縮されていくことはあるが，そのことを「食物連鎖」というわけではない。　ウ．資料Bは二〇一六年の新聞で，「世界経済フォーラム」が（海のプラスチックごみの量が）「このままでは二〇五〇年までに魚の重量を超える」と報告書で警告したと書かれている。二〇五〇年は，二〇一六年の三十四年後なので，本文の内容と合う。　エ．最後から3番目の段落に着目。「中国，韓国，インドネシア，フィリピンなどアジアから」流出したプラスチックごみが，海流によって日本近海に集まり，マイクロプラスチックの密度が高くなっているということだから，エは本文とは反対の内容。　オ．最後の段落の内容と一致するので，適する。

2 問1　ウが誤り。資料1より，南房総市には道の駅が8か所ある。

問2　ウが正しい。　ア．資料3より，地図中で区役所は西側と東側の2か所にある。　イ．資料4の写真で昭和 40 年時点の海岸線は左にあるが，資料3の地図で京成千葉線は中央を走っている。海岸線を沿うように走っているのは，東関東自動車道である。エ．資料3の地図で昭和 40 年以降に埋め立てられた地域(右図参照)に寺院(卍)や神社(⛩)は見当たらない。

問3(1)(a)　資料6より，国際線の乗降客数はAの千葉県，Bの大阪府，Cの東京都で多いことを読み取り，資料5でそれらの都府県の外国人観光客の訪問率が 30％以上と高いことに結びつける。

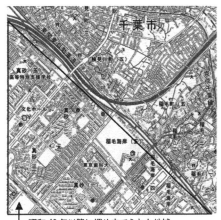

└ 昭和 40 年以降に埋め立てられた地域

資料6の$\boxed{D}$は福岡県，$\boxed{E}$は愛知県，$\boxed{F}$は沖縄県，$\boxed{G}$は北海道。

(c) (2)の解説参照。

(2) 資料5より，千葉県の外国人観光客の訪問率は32.8%と高く，平均泊数は0.4日と少なく，1人あたり旅行中支出は11915円と少ないことを読み取る。そのことを踏まえて近畿地方(三重県・滋賀県・京都府・大阪府・兵庫県・奈良県・和歌山県)を見ると，奈良県の外国人旅行客の訪問率は10.7%と高く，平均泊数は0.4日と少なく，1人あたり旅行中支出は5587円と少ないので，千葉県と同じ特徴をもつとわかる。　　　(3)d　ウ．対策の「房州うちわ」などの伝統的な産業と「地引き網漁」の体験から，「千葉県の伝統的な産業や文化を活かした体験」を導く。

e　カ．原因から，「自動車」が観光に不可欠だということを読み取り，「バスの本数」を増やすという対策を導く。

《解答例》

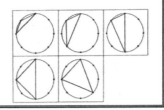

1　問1. 12, 24, 36, 48　　問2. 173　　問3. 6：5　　問4. (1)4　(2)右図

　問5. (1)①イ　②ウ　③ア　(2)108　(3)84

2　問1. (1)150　(2)エ　(3)ウ　(4)ア　　問2. (1)ウ　(2)2と4／3と6　(3)2

《解　説》

1　問1　ライトがある階段は必ず色のついた階段となるので，1から50までの整数のうち，3と4の公倍数を求めればよい。3と4の最小公倍数は12なので，色のついた階段とライトと石とがいっしょになるのは12の倍数の段であり，12, 24, 36, 48段目である。

問2　太郎さんの平均が(181＋160＋166＋190＋185)÷5＝882÷5＝176.4(cm)，次郎さんの平均が
(170＋182＋175＋178)÷4＝705÷4＝176.25(cm)なので，太郎さんの方が次郎さんより平均が高い。
よって，花子さんの5日目までの記録の合計が，太郎さんの記録の合計である882cmより高くなれば，3人の中で最も平均が高くなる。花子さんの4日目までの記録の合計は，191＋175＋165＋179＝710(cm)なので，
5日目の記録が，882－710＝172(cm)より高ければよいから，173cm以上とべたらよい。

問3　Aのふん水から1時間でふき上げた水の量を15とすると，Bのふん水から1時間でふきあげた水の量は8
となる。A，Bのふん水がふき上げる1回分の水の量はそれぞれ，$\frac{15}{25}＝\frac{3}{5}$，$\frac{8}{16}＝\frac{1}{2}$なので，求める比は，
$\frac{3}{5}：\frac{1}{2}＝(\frac{3}{5}×10)：(\frac{1}{2}×10)＝6：5$である。

問4(1)　一輪車の車輪について，円周の長さは29.8×2×3.14＝59.6×3.14＝187.144(cm)であり，この車輪は
1回転で187.144cm進む。小数点以下を切り捨てると187cmとなる。9m＝900cmであり，900÷187＝4余り152
だから，小数点以下を切り捨てなかったとしても商は4になるとわかる。よって，求める回転数は4回転である。

(2)　回したり裏返したりして重なる三角形は1種類と考えるので，1つの点を固定して，
その点が必ず頂点になる三角形を考えるとよい(解答例は，右図のAが必ず頂点になっている)。
また，辺の長さは，右図の㋐，㋑，㋒，㋓の4種類しかなく，これらの組み合わせを考えると，解答例の5種類が見つかる。

問5(1)　必要な竹ひごの本数を，ア，イ，ウの考え方で求める。また，立方体1個の辺は
12本である。

アについて，左右の立方体の竹ひごの本数はそれぞれ12本ずつあり，それらを結ぶ竹ひごは，
図Ⅰの太線の4本だから，③12×2＋4(本)である。

イについて，重なり部分の本数は図Ⅱの太線の8本だから，①12×3－8(本)である。

ウについて，上下の面の竹ひごは，図Ⅲの破線のように上下で10本ずつあり，その面に垂直
な柱のような竹ひごは，図Ⅲの太線の8本だから，②10×2＋8(本)である。

したがって，解答例のようになる。

図Ⅰ
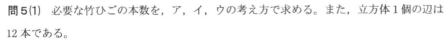

図Ⅱ

図Ⅲ

(2)　(1)のイの考え方で計算する。立方体の重なり部分1か所につき4本の竹ひごがあり，立方体が13個あると重なり部分は12か所できるから，竹ひごの本数は，12×13－4×12＝108(本)

(3) 右のように作図する。2本の竹ひごはそれぞれ，1辺が21cmの正方形の面積を半分にしている(正方形を合同な2つの台形に分けている)ので，正方形の対角線が交わる点を通っている。この点をOとすると，2本の竹ひごはOで交わっているので，色のついた部分を右図のように2つの三角形に分ける。2つの三角形の底辺をそれぞれ9cm，7cmの辺とすると，高さはともにOA＝OB＝21÷2＝$\frac{21}{2}$(cm)となるから，求める面積は，

$9 \times \frac{21}{2} \div 2 + 7 \times \frac{21}{2} \div 2 = (9+7) \times \frac{21}{2} \times \frac{1}{2} = 16 \times \frac{21}{2} \times \frac{1}{2} = 84$(cm²)である。

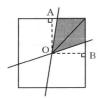

② 問1(1) 打点は0.02秒ごとに打たれたものだから，打点どうしの距離が3cmであれば，そのときの速さは$\frac{3}{0.02}$＝(秒速)150(cm)である。　　(2) エ○…打点が打たれる時間の間隔は0.02秒で一定だから，打点間隔が広いときほど台車が一定の時間にすすむ距離が大きい，つまり，台車の速さが速いということである。また，一定の速さですすむときは，打点間隔が一定になる。　　(3) ウ○…台車の速さがどんどん速くなっていくときには，打点間隔がだんだん広くなっていく。したがって，台車に貼った部分から遠ざかるほど打点間隔が広くなっていく。

(4) ア○…手をはなしたときからA点にくるまで，台車は常に同じ斜面上にあるから，台車の速さは一定の割合で増加していく。

問2(1) ウ○…千花さんの砂糖水の濃度は$\frac{18}{42+18} \times 100 = 30$(%)，良夫さんの砂糖水の濃度は$\frac{30}{70+30} \times 100 = 30$(%)で，濃さは同じである。　　(2) まず，2と4でとけ残りがあったことに着目する。水の温度が一定であれば，物質がとける重さは水の量に比例するので，2と4のように，水の量が異なっていても，とけ残りがある場合には，Aがそれ以上とけることができない濃さになっていて，同じ濃度である。次に，残りのビーカーについて，水ととけたAの割合に着目する。3と6では，どちらも水75gあたり25gのAがとけていることになるので，同じ濃度である。　　(3) 表より，35℃の水100gにミョウバンは20gまでとけることがわかる。ビーカー内の水は全部で40＋10＝50(g)だから，とけるミョウバンの量は100gのときの半分の10gである。ミョウバンは全部で5＋7＝12(g)加えたから，とけずに残ったミョウバンは12－10＝2(g)である。

《解答例》

1　問一．①「ちがい」をみとめ合うこと　②自分のことを知ってほしいという熱意

問二．（例文）英語が世界で最も広く使われている言語だと考えたからです。使用人口を見ると中国語とスペイン語の方が多いですが、公用語に使われている国の数を見ると、英語が圧とう的に多いことがわかります。

問三．（⑦を選んだときの例文）

　　私は、英語を話す力を身につけるために、中学校の英語の授業にしっかりと取り組みたいと思います。また、近所の英会話教室に通って勉強したいと思います。英語を読む、書く、話す、聞くという全ての力が、英語を話す力につながると思うからです。

　　将来はアメリカやカナダなどを旅行したいと思います。私はきれいな景色を見るのが好きなので、グランドキャニオンやナイアガラのたきなどを見に行きたいです。現地で過ごし、そこに住む人たちと直接ふれ合えば、さまざまなしげきを受け、国際理解を進めることができると思います。

2　問1．(1)A　(2)マレーシア　　問2．ウ　　問3．エ　　問4．ⓑア　ⓒオ，カ　　問5．イ

《解　説》

1　問一① Ａ と Ｂ に共通する内容を読みとる。Ａ では「自分と違うもの，異質なものを受け入れる柔軟性」が大切だと述べ，Ｂ では「自分と違っている価値観を身につけた人々に対して『寛容』になること」「『ちがい』をみとめ合うことのできる関係を築いていくこと」が必要だと述べている。　①　にあてはまるのは下線部。

②　直前に「相手のことだけでなく」とあることに着目する。「相手」に対する「自分」について書かれた部分を Ａ から探す。最後の段落の「相手を知りたい〜と思う気持ちと同じく，自分のことを知ってほしいという熱意があるかどうか」より，下線部を抜き出す。

問二　使用人口が多くて，公用語に使われている国の数も多い言葉が効果的だと考えられる。Ｃ で使用人口が1位の中国語は，Ｄ の公用語に使われている国の数が3と少ないので，「国際理解を進めていくために，コミュニケーション能力を高める」という山田さんが言った目的に合わない。Ｃ において，2位のスペイン語と3位の英語は，使用人口の差が少ない。一方，Ｄ の公用語に使われている国の数では，英語が54，スペイン語が20と，大きな差がある。この結果から，英語を話せるようになるのがもっとも効果的だといえる。

2 問1(1) 資料1より，2015年時点で日本食レストランの店舗数が最も多いのは中国だから，資料2で，ユーラシア大陸のAを選ぶ（右図参照）。Bはアフリカ大陸，Cは北アメリカ大陸，Dは南アメリカ大陸，Eはオーストラリア大陸，Fは南極大陸である。　(2) 資料1

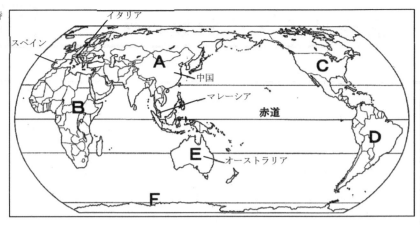

より，2013年から2015年で日本食レストランの店舗数が2倍以上に増えているのは，オーストラリア，スペイン，イタリア，マレーシア，中国であり，その中で最も赤道に近いのはマレーシアとなる（上図参照）。

問2　ウが正しい。出荷先が「東京」の列を見ると，最も多いのは千葉県の24,210kL，次いで多いのが青森県の9,027kLとわかる。　ア．人口が500万人以上の東京都や神奈川県は，人口が500万人以下の青森県や群馬県よりも出入荷量が少ない。　イ．群馬県は，栃木県に出荷する量よりも同じ群馬県に出荷する量の方が少ない。

エ．福島県や神奈川県からは関東地方の県にも出荷している。

問3　日本人の食生活が洋風に変わってきたかは，和食と洋食両方の頻度を調べることでわかるので，和食の「米」と洋食の「パン」が含まれるエを選ぶ。

問4　ⓑはア，ⓒはオとカが正しい。1984年と2017年の1か月の食費の内訳を比べると，総額はほとんど変わっていないにもかかわらず，生鮮食品にかける食費の割合が減っているから，生鮮食品を買うことが減って家庭で調理することも減ったと導ける。その一方で，調理食品や外食にかける食費の割合が増えているから，調理食品を買ったり，外食したりすることが増えたと導ける。

問5　Cの「Bを考えた理由」に着目しよう。ⓓには「(日本食が)健康によいと注目」され，「(日本の企業によって)しょう油が肉料理と合うという情報を積極的に発信」された結果どうなったのかが入るから，「多くの国々で，しょう油を使って調理をする」ようになったという内容のイがあてはまると判断できる。

《解答例》

1 問1．(1)ウ　(2)次郎さん…75　花子さん…25　　問2．(1)C→D→B→A　(2)2位…3　3位…4

(3)【ア】3　【イ】2

問3．(1)計算式…185×6×0.85　答…944　(2)61　(3)黒／19

問4．(1)右図　(2)0.25

2 問1．ウ

問2．かげが重なる時刻…ア　柱1本のかげの長さ…カ

問3．あ．⑨　い．3　　問4．右図

問5．あ．1，2，7 ／ 2，3，4 ／ 2，5，6 のうち1つ

い．1と2と7からわかること…ふりこの長さが変わると，1往復する時間が変わる

　　2と3と4からわかること…おもりの重さを変えても，1往復する時間は変わらない

　　2と5と6からわかること…ふりこのふれはばを変えても，1往復する時間は変わらない

問6．120

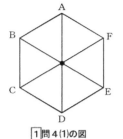

1問4(1)の図

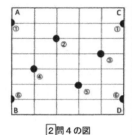

2問4の図

《解　説》

1 問1(1)　太郎さんは分速80m，次郎さんは分速(80+40)m＝分速120m，花子さんは分速40mで進むから，花子さんが一番おそい。図2のグラフを見ると，120m移動するのに一番時間がかかっているのはウとわかるから，花子さんのグラフはウである。

(2)　(1)の解説より，太郎さん，次郎さん，花子さんの進む速さの比は，80：120：40＝2：3：1である。したがって，同じ時間に進む道のりの比も2：3：1になる。太郎さんが50m移動したとき，次郎さんは$50×\frac{3}{2}=$75(m)，花子さんは$50×\frac{1}{2}=25$(m)移動している。

問2(1)　各学校の合計得点は，A中学校が5×2＋3×1＋1×3＝16(点)，B中学校が5×1＋3×2＋1×6＝17(点)，C中学校が5×3＋1×4＝19(点)，D中学校が18点だから，合計得点の高い順に，C，D，B，Aとなる。

(2)　2位と3位について，個数の合計が8－1＝7(個)，得点の合計が18－5×1＝13(点)である。3位が7個だと得点の合計が13－1×7＝6(点)足りないが，3位1個を2位1個に置きかえると得点の合計が3－1＝2(点)高くなるので，2位は6÷2＝3(個)，3位は7－3＝4(個)とわかる。

(3)　3位は1点だから，3位だけ見るとB中学校の方が1×6－1×4＝2(点)高くなっている。1位はC中学校の方が3－1＝2(個)多く，2位はB中学校の方が2個多くなっていて，これらによってC中学校の方が2点高くなることで，B中学校とC中学校の合計得点が同じになっているはずである。

以上より，1位が1個多く2位が1個少ないと，1位が多い方が2÷2＝1(点)だけ合計得点が高くなるとわかるから，1位の方が2位より1点だけ高いとわかる。よって，解答例の点数以外でも，1位の方が2位より1点だけ高ければよい。

問3(1)　120個は20個の$\frac{120}{20}=6$(倍)だから，定価は185円の6倍になる。この15%引きだから，さらに

$1-0.15=0.85$(倍)になる。よって，$185×6×0.85=943.5$より，944円である。

(2) ある模様は，1つ前の模様に右図の破線で囲んだおはじきを加えることで完成する。加えたおはじきの個数は，2番目が$4×1$(個)，3番目が$4×2$(個)，4番目が$4×3$(個)だから，5番目は$4×4$(個)，6番目は$4×5$(個)とわかる。よって，

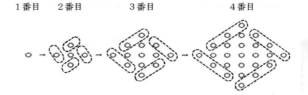

1番目　2番目　　3番目　　　4番目

6番目のおはじきの個数は，$1+4×1+4×2+4×3+4×4+4×5=1+4×(1+2+3+4+5)=1+4×15=61$(個)

(3) (2)の解説をふまえる。偶数（ぐうすう）番目の模様を作るときに黒のおはじきを，奇数（きすう）番目の模様を作るときに白のおはじきを加えているとわかる。10番目の模様では，白のおはじきが，$1+4×(2+4+6+8)=81$(個)，黒のおはじきが，$4×(1+3+5+7+9)=100$(個)あるから，黒の方が$100-81=19$(個)多い。

問4(1) 点対称な2つの図形において，対応する2点を結んだ直線の真ん中の点は対称の中心と重なる。正六角形ＡＢＣＤＥＦを180度回転移動させ，ＡがＤに，ＢがＥに，ＣがＦに重なるような回転の中心を作図すればよいので，ＡＤとＢＥとＣＦが交わる点が対称の中心である。なお，ＡＤ，ＢＥ，ＣＦのうち2本だけ引いて対称の中心をとっても正解である。

(2) このままの形では面積を比べづらいので，三角形ＣＤＰを面積を変えずに変形することを考える。右のように作図する。

ＡＣとＦＤは平行だから，三角形ＣＤＰと三角形ＣＦＰは面積が等しい。

ＡＢとＦＣが平行だから，三角形ＡＢＰと三角形ＣＦＰは同じ形の三角形である。

また，正六角形は右図の破線によって6個の合同な正三角形に分けられるから，ＡＢ：ＣＦ＝1：2とわかる。同じ形の2つの図形があり，対応する辺の長さの比が$a：b$のとき，面積比は$(a×a)：(b×b)$となる。よって，三角形ＡＢＰと三角形ＣＦＰの面積比は，$(1×1)：(2×2)=1：4$だから，三角形ＡＢＰの面積は三角形ＣＤＰの面積の$\frac{1}{4}=0.25$(倍)である。

2 問1 太陽方位に着目する。例えば，6月21日の8時の太陽方位は88.5度だから，ほぼ真東（わずかに北より）にある。かげは太陽がある方向と反対方向にできるから，このときのかげはほぼ真西（わずかに南より）に向かってできる(右図)。他の時刻についても同様に考えれば，かげの向きが正しく表されているのがウだけだとわかる。

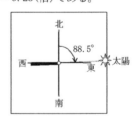

問2 太陽と2本の柱が一直線上に並ぶと，2本の柱が作るかげが重なって見える。これは，資料2で，太陽方位が130度〜140度のあいだ，または，310度〜320度のあいだになるときである。資料1の9月23日の太陽方位に着目すると，9時が126.6度，10時が143.8度だから，かげが重なる時刻はアが正答となる。また，太陽高度，および，かげの長さもこの時刻のあいだの値になると考えられる。9時に1mの棒がつくるかげの長さが1.20mだから，8.2mの柱がつくるかげの長さは$1.20×8.2=9.84$(m)であり，10時でも同様に考えると，$0.89×8.2=7.298$(m)である。したがって，柱1本かげの長さは7.298mから9.84mのあいだをふくんでいるカが正答となる。

問3 1周は360度だから，ホウセンカの開度である135(度)と360の最小公倍数である1080(度)まわったときに，はじめて葉が重なる。したがって，葉①と最初に重なる葉は，葉①から$1080÷135=8$(番目)の葉，つまり，葉⑨であり，最初に重なるまでにくきのまわりを$1080÷360=3$(周)している。

問4 ①から1マス下にいくごとに，②，③，④，⑤のしるしが1つずつついているはずである。また，セロハンの左はしから右はしまでの5マスで360度を表していることになるので，ヒマワリの開度である144度は，$5 \times \frac{144}{360} = 2$（マス）で表される。ヒマワリを上から見た図より，葉①から反時計回りに144度はなれて葉②がついているから，セロハン上では，葉①から右へ2マス，下へ1マスいくと葉②のしるしがついているはずである。同様の間かくで葉③〜⑤のしるしをつければよい。

問5 ある1つの条件だけを変えて結果を比べると，その条件が結果に対してどのような影響をあたえているか（または影響をあたえていないか）わかる。表1からは，ふりこが1往復する時間が，おもりの重さやふれはばには影響を受けず，ふりこの長さだけに影響を受けている（ふりこの長さが短いほど1往復する時間が短くなる）ことがわかる。

問6 図3のふりこは，くぎの右半分の0.5往復を，左半分の0.5往復より短いふりことしてふれるので，1往復する時間はくぎがないときよりも短くなる。表1の1往復する時間に着目すると，これが2.3秒より長いものでなければ，図3のときの1往復する時間が2.3秒にならないので，ここでは実験7で作った200 cmのふりこを使ったことがわかる。このふりこは，くぎの左半分の0.5往復に $2.8 \div 2 = 1.4$（秒）かかるから，右半分の0.5往復には $2.3 - 1.4 = 0.9$（秒）かかったことになる。0.5往復に0.9秒（1往復に1.8秒）かかるふりこの長さは，実験1のふりこの長さが80 cmのときだから，くぎを打ったのは天じょうから $200 - 80 = 120$（cm）のところである。

《解答例》

1　問一．（例文）

国際オリンピック委員会は一九九五年、積極的に環境問題に取り組むとオリンピック憲章に明記し、オリンピックの主な活動として、スポーツ・文化に環境を加えた。これを受けて、日本オリンピック委員会は、スポーツを楽しむ環境を守る活動を進めている。

問二．㋒大量のごみ

（例文）

　オリンピック・パラリンピックに向けて、私は、大量のごみの問題について呼びかけたい。具体的には、飲物はマイボトルに小分けして持ち歩く、食品は必要な分だけを買う、ごみの分別をするの三点をポスターなどで呼びかけ、地域や商店にも協力を求めたい。

　社会の授業で、ごみの減量は、地球温暖化の原因となる二酸化炭素などのはい出量を減らすことにつながり、環境への負担を減らすことができると学んだ。なぜ、日本はごみの減量への取り組みがおくれているかというと、今まで経済的な豊かさを一番大切にしてきたからだと思う。オリンピック・パラリンピックを一つの節目として、環境の豊かさを重視していくように意識を変えていきたい。

2　問1．(1)ⓐ4　ⓑ2　(2)オ　(3)7

問2．(1)ア　(2)ウ　(3)さばやいわしは、かつおやまぐろに比べて市場で安く取り引きされるから。

1 問一　要約するときは、筆者が一番伝えたいことは何かを読みとってまとめる。この場合はオリンピック憲章に環境問題に取り組むことが明記され、日本でも環境を守るための活動が行われるようになったこと。環境問題や競技、環境を守るための取り組みの具体例も書こうとすると字数が足りなくなる。要約問題の場合は、具体例はなるべく省く方がよい。

問二　Bの資料から読みとれるのは、・ペットボトルや空き缶のごみが出ないように、自動販売機がないこと・ごみを分別して回収していること　・景観を守るために、観光客用のごみ箱があること　・商品の包装材の回収に力を入れていること　・商品の包装材のごみがでないように、なるべく包装しないで売っていることなど。これらの例を参考に、自分ならどういう活動をするのか考える。また、Cの資料の最後の段落に「物が多ければ豊かというわけではない」とあることをふまえて「豊かさ」について書くこと。

2 問1(1)　それぞれの空欄の直前に着目すると@については、「花火大会の観客来場者数が合計100万人を超えている都道府県」の数を、⑥については、@の根拠となる「資料」の番号を問われていることが読み取れる。資料のうち、花火大会の観客来場者数を示しているのは資料1と資料2であるが、「都道府県」別に比べているのは資料2だけなので、⑥には「2」があてはまる。資料2より、花火大会の観客来場者数が合計100万人を超えているのは、東京都、新潟県、大阪府、福岡県の4県だとわかるので、@には「4」があてはまる。

(2)　レポート3行目の©の前後に「その中で」「最も人口が少ない」とあることに着目し、「その」が@で示した東京都、新潟県、大阪府、福岡県の4県を指すことを読み取ると、©には、東京都、新潟県、大阪府、福岡県の中で最も人口の少ない県名があてはまることが導き出せる。平成27年度の人口数はそれぞれ、東京都が約1351万人、新潟県が約230万人、大阪府が約883万人、福岡県が約510万人なので、人口数が最も少ない新潟県のオを選ぶ。

また、レポート13行目の©の前後に「花火がさかんな理由」として「(現在の静岡県や隣の愛知県)で盛んになり、川を伝って北に広がった」、「花火の材料は～米のでんぷんを利用した」と挙げられていることから、静岡県や愛知県の北に位置し(右図参照)、米の生産が盛んな新潟県を導き出すこともできる。

(3)　⑥の前に「両国花火」「浮世絵(資料4「両国花火」)」とあることから、両国で行われる花火大会があてはまることを導き出そう。そのことを手がかりに資料3の現在の両国付近の地図を見ると、中央部に「隅田川」が流れていることから、⑥には「隅田川花火大会」があてはまると判断できるので、その順位の「7」が正解となる。

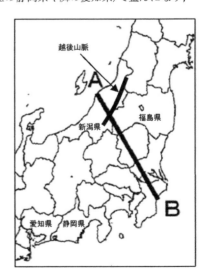

問2(1)　A側に近い新潟県や福島県の県境には、高くけわしい越後山脈があり、関東地方には関東平野が広がるためアを選ぶ。(右図参照)

(2)　ウが誤り。銚子漁業の水あげ量の大半を占めるさばやいわしなどは、沖合漁業でとれる魚種である。

(3)　資料6からは、水あげ金額で全国1位の漁港は焼津港であること、その焼津港の水あげ量が銚子漁港より少ないことを読み取る。資料5からは、水あげ量の魚種別内訳において、焼津港ではかつおやまぐろなどが大半を占め、銚子漁業ではさばやいわしなどが大半を占めていることを読み取る。これらのことを関連付けると、市場で取引される金額は、かつおやまぐろに比べて、さばやいわしの方が安いことが導き出せる。

《解答例》

1　問1．(1)30　(2)36　(3)$33\frac{1}{3}$　　問2．(1)14.3　(2)㋐176　㋑100　(3)エ

　　問3．右図

　　問4．(1)計算式…8×3.14　答え…25.12　(2)ウ　(3)イ

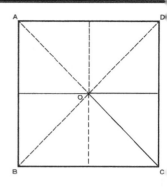

2　問1．地点B…ウ　1つ目の理由…水温が高いから。

　　2つ目の理由…pHが中性に近くなっているから。〔別解〕水がにごっているから。

　　問2．[物質／液体]　[(ア)／(ク)]，[(ア)／(コ)]，

　　[(オ)／(ク)]，[(オ)／(コ)]のうち1つ

　　問3．(1)7，31　(2)右図

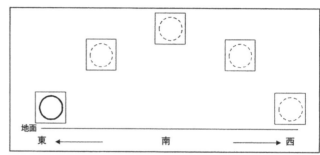

　　問4．鳥…イ　コウモリ…カ

　　問5．2つ目の実験…目をふさいだコウモリがこん虫をつかまえられるかを調べる。その結果、こん虫をつかまえ

ることができる。　3つ目の実験…耳をふさいだコウモリがこん虫をつかまえられるかを調べる。その結果、こん虫

をつかまえることができない。

《解説》

1　問1(1)　表1より，学校を出発してから50分後から70分後までの20分間，学校からの道のりが30kmで変化して

いないので休けいはこのときとわかる。

　(2)　休けいをした30kmのところに50分で着いている。1時間＝60分なので，50分＝$\frac{50}{60}$時間＝$\frac{5}{6}$時間である。

よって，バスの速さは時速$(30÷\frac{5}{6})$km＝時速36kmとわかる。

　(3)　水族館まであと10kmなので，学校から60－10＝50(km)のところであり，休けい場所から50－30＝20(km)進ん

だところとわかる。20km進むのにかかる時間は20÷36＝$\frac{5}{9}$(時間)，つまり$(\frac{5}{9}×60)$分＝$33\frac{1}{3}$分である。

　問2(1)　25人全員同じ金額なので，25人の割引率と1人の割引率は同じである。子どもが入場するとき，個人の

金額で支払うと1人分は700円であり，団体の金額で支払うと1人分は600円なので，700－600＝100(円)安くな

るとわかる。よって，(100÷700)×100＝14.28…なので，小数第2位を四捨五入すると，団体の金額は個人の金額

の14.3％引きとなる。

　(2)　中学生は子ども料金なので，B中学校の生徒100人は㋑に入る。B中学校の引率の先生6人とC高校の生徒

160人と引率の先生10人は大人料金なので，㋐に入る。よって，㋐は6＋160＋10＝176(人)，㋑は100人とわかる。

　(3)　ア～ウは(1)と(2)からわかることであり，これらからは個人料金で入場した大人と子どもの人数は求められない。

エがわかると，個人料金で入場した大人が 20 人だったとして計算すれば，その金額がエの金額よりもいくら多いかがわかり，その多い分を大人と子どもの個人料金の差である 1400－700＝700（円）で割れば，子どもの人数がわかるので，大人の人数もわかる。

問3　重ねて折った折り紙を開いたときに，谷折りか山折りかに気を付けて考える。図7の折り紙から順番に開いていくと考える（右図参照）。図Ⅰから図Ⅱのように開くときＰＯの折り目は谷折りである。図Ⅱから図Ⅲに開くときＡＯの折り目は

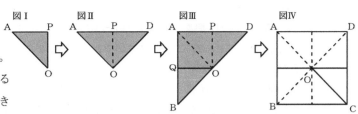

谷折りである。図ⅡのＰＯの折り目は図ⅢのＰＯ，ＱＯの折り目となり，図Ⅱのときに下側にあったＰＯは図Ⅲのときと裏表は変わらないので谷折り，上側にあったＱＯは裏表が逆になるので山折りとなる。同じように，図Ⅲから図Ⅳに開くときも同様に，裏表に気を付けて考えると解答例（図Ⅳ）になる。

問4(1)　側面の横の長さは底面の周の長さと同じである。よって，ＡＤの長さは 8×3.14＝25.12（cm）である。

(2)　側面を開くと，ＰとＱが対応する点がそれぞれ2つになる。ＰＱに対応する辺も2つあり，この2つの辺は同じ長さである。またＰからＰ，ＱからＱの長さはそれぞれ円柱の底面の周の長さで等しく，平行であるとわかる。よって，側面を開いたときにできる図形は，2組の辺の長さが等しく1組の辺が平行なので，平行四辺形とわかる。

(3)　内容量 55ｇ は残っている量 15ｇ の $55÷15＝\dfrac{11}{3}$（倍）なので，枚数は $11×\dfrac{11}{3}＝\dfrac{121}{3}＝40\dfrac{1}{3}$ より，約 40 枚入っていたとわかる。

2　**問1**　水温は温泉からの水の流れに，水のようすは中和工場の上流にあるか下流にあるかに着目して，それぞれの地点の水質がア～オのどれにあてはまるか考えればよい。最も水温が高いイは温泉に最も近い地点Ａで，中和工場より上流にあるので水がとう明である。2番目に水温が高いウが地点Ｂで，中和工場より下流にあるので水がにごっている。なお，3番目に水温が高いアは地点Ｅ，水温が低く水がとう明なエが地点Ｃ，水温が低く水がにごっているオが地点Ｄの水質を表している。

問2　(ア)の卵のからや(オ)のホタテのからも主成分が炭酸カルシウムである。炭酸カルシウムは二酸化炭素が溶けている炭酸水だけでなく，炭酸水と同じ酸性の水溶液である(ク)の酢や(コ)のレモンのしるにも溶ける。

問3(1)　資料の期間における日の入り時刻の 50 分前は 18 時ごろある。18 時ごろにほぼ真南に見える月は，右半分が光って見える上弦の月なので，この会話をしている日は7月 31 日だと考えられる。　　**(2)**　7月 31 日の1週間後の8月7日の月は満月で，日の入りの少し前に月が出てきたので，月は東の地平線の少し上に見える。

問4　アとオは肩，ウとキは手首，エとクは指の関節にあたる。

問5　目と耳の両方をふさいだときと耳をふさいだときではこん虫をつかまえることができず，目だけをふさいだときではこん虫をつかまえることができれば，超音波を耳で受け取ってこん虫をつかまえていると考えられる。

■ ご使用にあたってのお願い・ご注意

（1）問題文等の非掲載

　著作権上の都合により，問題文や図表などの一部を掲載できない場合があります。

　誠に申し訳ございませんが，ご了承くださいますようお願いいたします。

（2）過去問における時事性

　過去問題集は，学習指導要領の改訂や社会状況の変化，新たな発見などにより，現在とは異なる表記や解説になっている場合があります。過去問の特性上，出題当時のままで出版していますので，あらかじめご了承ください。

（3）配点

　学校等から配点が公表されている場合は，記載しています。公表されていない場合は，記載していません。

　独自の予想配点は，出題者の意図と異なる場合があり，お客様が学習するうえで誤った判断をしてしまう恐れがあるため記載していません。

（4）無断複製等の禁止

　購入された個人のお客様が，ご家庭でご自身またはご家族の学習のためにコピーをすることは可能ですが，それ以外の目的でコピー，スキャン，転載（ブログ，ＳＮＳなどでの公開を含みます）などをすることは法律により禁止されています。学校や学習塾などで，児童生徒のためにコピーをして使用することも法律により禁止されています。

　ご不明な点や，違法な疑いのある行為を確認された場合は，弊社までご連絡ください。

（5）けがに注意

　この問題集は針を外して使用します。針を外すときは，けがをしないように注意してください。また，表紙カバーや問題用紙の端で手指を傷つけないように十分注意してください。

（6）正誤

　制作には万全を期しておりますが，万が一誤りなどがございましたら，弊社までご連絡ください。

　なお，誤りが判明した場合は，弊社ウェブサイトの「ご購入者様のページ」に掲載しておりますので，そちらもご確認ください。

■ お問い合わせ

　解答例，解説，印刷，製本など，問題集発行におけるすべての責任は弊社にあります。

　ご不明な点がございましたら，弊社ウェブサイトの「お問い合わせ」フォームよりご連絡ください。迅速に対応いたしますが，営業日の都合で回答に数日を要する場合があります。

　ご入力いただいたメールアドレス宛に自動返信メールをお送りしています。自動返信メールが届かない場合は，「よくある質問」の「メールの問い合わせに対し返信がありません。」の項目をご確認ください。

　また弊社営業日（平日）は，午前9時から午後5時まで，電話でのお問い合わせも受け付けています。

2025 春

株式会社教英出版

〒422-8054　静岡県静岡市駿河区南安倍3丁目 12-28

TEL　054-288-2131　　FAX　054-288-2133

URL　https://kyoei-syuppan.net/

MAIL　siteform@kyoei-syuppan.net

教英出版 2025年春受験用 中学入試問題集

学校別問題集
★はカラー問題対応

北 海 道
①[市立]札幌開成中等教育学校
②藤 女 子 中 学 校
③北 嶺 中 学 校
④北 星 学 園 女 子 中 学 校
⑤札 幌 大 谷 中 学 校
⑥札 幌 光 星 中 学 校
⑦立 命 館 慶 祥 中 学 校
⑧函 館 ラ・サ ー ル 中 学 校

青 森 県
①[県立]三本木高等学校附属中学校

岩 手 県
①[県立]一関第一高等学校附属中学校

宮 城 県
①[県立]宮城県古川黎明中学校
②[県立]宮城県仙台二華中学校
③[市立]仙台青陵中等教育学校
④東 北 学 院 中 学 校
⑤仙 台 白 百 合 学 園 中 学 校
⑥聖ウルスラ学院英智中学校
⑦宮 城 学 院 中 学 校
⑧秀 光 中 学 校
⑨古 川 学 園 中 学 校

秋 田 県
①[県立]／大館国際情報学院中学校
　　　／秋田南高等学校中等部
　　　／横手清陵学院中学校

山 形 県
①[県立]／東桜学館中学校
　　　／致道館中学校

福 島 県
①[県立]／会津学鳳中学校
　　　／ふたば未来学園中学校

茨 城 県
①[県立]
日立第一高等学校附属中学校
太田第一高等学校附属中学校
水戸第一高等学校附属中学校
鉾田第一高等学校附属中学校
鹿島高等学校附属中学校
土浦第一高等学校附属中学校
竜ヶ崎第一高等学校附属中学校
下館第一高等学校附属中学校
下妻第一高等学校附属中学校
水海道第一高等学校附属中学校
勝田中等教育学校
並木中等教育学校
古河中等教育学校

栃 木 県
①[県立]
宇都宮東高等学校附属中学校
佐野高等学校附属中学校
矢板東高等学校附属中学校

群 馬 県
①[県立]中央中等教育学校
　[市立]四ツ葉学園中等教育学校
　[市立]太 田 中 学 校

埼 玉 県
①[県立]伊 奈 学 園 中 学 校
②[市立]浦 和 中 学 校
③[市立]大宮国際中等教育学校
④[市立]川口市立高等学校附属中学校

千 葉 県
①[県立]／千 葉 中 学 校
　　　／東 葛 飾 中 学 校
②[市立]稲毛国際中等教育学校

東 京 都
①[国立]筑波大学附属駒場中学校
②[都立]白鷗高等学校附属中学校
③[都立]桜修館中等教育学校
④[都立]小石川中等教育学校
⑤[都立]両国高等学校附属中学校
⑥[都立]立川国際中等教育学校
⑦[都立]武蔵高等学校附属中学校
⑧[都立]大泉高等学校附属中学校
⑨[都立]富士高等学校附属中学校
⑩[都立]三 鷹 中 等 教 育 学 校
⑪[都立]南多摩中等教育学校
⑫[区立]九段中等教育学校
⑬開 成 中 学 校
⑭麻 布 中 学 校
⑮桜 蔭 中 学 校
⑯女 子 学 院 中 学 校
★⑰豊島岡女子学園中学校
⑱東京都市大学等々力中学校
⑲世 田 谷 学 園 中 学 校
★⑳広尾学園中学校（第2回）
★㉑広尾学園中学校（医進・サイエンス回）
㉒渋谷教育学園渋谷中学校（第1回）
㉓渋谷教育学園渋谷中学校（第2回）
㉔東京農業大学第一高等学校中等部
（2月1日 午後）
㉕東京農業大学第一高等学校中等部
（2月2日 午後）

④[府立]富田林中学校
⑤[府立]咲くやこの花中学校
⑥[府立]水都国際中学校
⑦清風中学校
⑧高槻中学校（A日程）
⑨高槻中学校（B日程）
⑩明星中学校
⑪大阪女学院中学校
⑫大谷中学校
⑬四天王寺中学校
⑭帝塚山学院中学校
⑮大阪国際中学校
⑯大阪桐蔭中学校
⑰開明中学校
⑱関西大学第一中学校
⑲近畿大学附属中学校
⑳金蘭千里中学校
㉑金光八尾中学校
㉒清風南海中学校
㉓帝塚山学院泉ヶ丘中学校
㉔同志社香里中学校
㉕初芝立命館中学校
㉖関西大学中等部
㉗大阪星光学院中学校

兵　庫　県
①[国立]神戸大学附属中等教育学校
②[県立]兵庫県立大学附属中学校
③雲雀丘学園中学校
④関西学院中学部
⑤神戸女学院中学部
⑥甲陽学院中学校
⑦甲南中学校
⑧甲南女子中学校
⑨灘中学校
⑩親和中学校
⑪神戸海星女子学院中学校
⑫滝川中学校
⑬啓明学院中学校
⑭三田学園中学校
⑮淳心学院中学校
⑯仁川学院中学校
⑰六甲学院中学校
⑱須磨学園中学校（第1回入試）
⑲須磨学園中学校（第2回入試）
⑳須磨学園中学校（第3回入試）
㉑白陵中学校

㉒夙川中学校

奈　良　県
①[国立]奈良女子大学附属中等教育学校
②[国立]奈良教育大学附属中学校
③[県立]｛国際中学校／青翔中学校
④[市立]一条高等学校附属中学校
⑤帝塚山中学校
⑥東大寺学園中学校
⑦奈良学園中学校
⑧西大和学園中学校

和　歌　山　県
①[県立]｛古佐田丘中学校／向陽中学校／桐蔭中学校／日高高等学校附属中学校／田辺中学校
②智辯学園和歌山中学校
③近畿大学附属和歌山中学校
④開智中学校

岡　山　県
①[県立]岡山操山中学校
②[県立]倉敷天城中学校
③[県立]岡山大安寺中等教育学校
④[県立]津山中学校
⑤岡山中学校
⑥清心中学校
⑦岡山白陵中学校
⑧金光学園中学校
⑨就実中学校
⑩岡山理科大学附属中学校
⑪山陽学園中学校

広　島　県
①[国立]広島大学附属中学校
②[国立]広島大学附属福山中学校
③[県立]広島中学校
④[県立]三次中学校
⑤[県立]広島叡智学園中学校
⑥[市立]広島中等教育学校
⑦[市立]福山中学校
⑧広島学院中学校
⑨広島女学院中学校
⑩修道中学校

⑪崇徳中学校
⑫比治山女子中学校
⑬福山暁の星女子中学校
⑭安田女子中学校
⑮広島なぎさ中学校
⑯広島城北中学校
⑰近畿大学附属広島中学校福山校
⑱盈進中学校
⑲如水館中学校
⑳ノートルダム清心中学校
㉑銀河学院中学校
㉒近畿大学附属広島中学校東広島校
㉓AICJ中学校
㉔広島国際学院中学校
㉕広島修道大学ひろしま協創中学校

山　口　県
①[県立]｛下関中等教育学校／高森みどり中学校
②野田学園中学校

徳　島　県
①[県立]｛富岡東中学校／川島中学校／城ノ内中等教育学校
②徳島文理中学校

香　川　県
①大手前丸亀中学校
②香川誠陵中学校

愛　媛　県
①[県立]｛今治東中等教育学校／松山西中等教育学校
②愛光中学校
③済美平成中等教育学校
④新田青雲中等教育学校

高　知　県
①[県立]｛安芸中学校／高知国際中学校／中村中学校

K 教英出版

〒422-8054
静岡県静岡市駿河区南安倍3丁目12-28
TEL 054-288-2131
FAX 054-288-2133
詳しくは教英出版で検索

教英出版　[検索]
URL https://kyoei-syuppan.net/

令和6年度　適性検査 I

―――――― 注意 ――――――

1　**受検番号と氏名**を解答用紙の決められたらんに記入しなさい。

2　問題は$\boxed{1}$、$\boxed{2}$までで、全部で21ページあります。

　　検査開始後に、印刷のはっきりしないところや、ページがぬけているところが

　あれば、手をあげなさい。

3　検査時間は45分間です。

4　声を出して読んではいけません。

5　答えはすべて解答用紙に記入し、**解答用紙を提出しなさい。**

6　答えを直すときは、きれいに消してから、新しい答えを書きなさい。

7　**問題用紙と解答用紙は切ったり、折ったりしてはいけません。**

千葉市立稲毛国際中等教育学校

1 次の文章を読んで、あとの問いに答えなさい。

　あなたはテレビを観ている。アフリカのサバンナのドキュメンタリーだ。※1NHKの「ダーウィンが来た！」をイメージしてほしい。主人公は一匹のメスライオン。最近三匹の子どもが産まれたばかりだ。

　でもこの年のアフリカは※2乾季が終わったのに雨がほとんど降らない。草食のインパラやトムソンガゼルたちは、獲物を見つけられず、ばたばたと飢えて死んでいる。だから母親になったばかりのライオンは、母乳も出ない。

　その日もメスライオンは、衰弱してほとんど動けない子どもたちを残して狩りに出る。三匹のインパラを見つけた。大きなインパラを追いかけるほどの体力が残っていないが、小さなほうなら何とかしとめることができるかもしれない。

　メスライオンは風下からゆっくりとインパラに近づいてゆく。このときテレビを観ながらあなたは、狩りが成功しますように、と祈るはずだ。成功すればメスライオンの体力は回復し、三匹の子ライオンたちも生き延びることができる。がんばれ。あなたは思う。狩りが成功しますように。

　翌週の同じ時間帯、あなたはテレビのスイッチを入れる。今回の主役は、※3子供を産んだばかりのメスのインパラだ。その年のアフリカはすっかり痩せ細って草が足は弱々しく生えない。インパラの母と子は飢えている。しかも群れから離れてしまった。

　母と子はわずかな草地を見つける。これで数日は生き延びることができる。そのとき、遠くからそっと近づいてくる痩せ細ったような一匹のメスライオンはゆっくりと近づいてくる。夢中で草を食べる。その姿をカメラは捉えた。母と子の狂暴そうなライオンは気づかない。メスライオンはゆっくりと近づいてくる。

　このときあなたは何を思うだろう。早く気づいてくれ、と思うはずだ。狂暴そうなライオンが近づいている。このままでは食べられてしまう。早く逃げろ。そう思いながら、あなたは手を合わせるかもしれない。

　この二つの作品は、①まったく同じ状況を撮影している。違いは何か、カメラの位置だ。つまり　②　　。どこにカメラを置くかで、映し出された世界は③まったく違う感情を抱かせる。これが情報の本質だ。

　世界はとても多面的だ。多重的で多た層的だ。④どこから見るかで異色はまったく変わる。あなたがスマホでチェックするニュース、あるいはツイッターやラインで誰かが書いた情報、テレビニュースや新聞記事も、すべて構造は同じだ。選ぶ視点を決めなくてはならない。あなたがもしも記者やカメラマンなら、ひとつの視点を決めなくてはいけないと知ってほしい。難しい話ではない。人は同時に多数の視点に立てない。しかない。あなたがもしも

解がならない。それはあなたにとっては真実だ。でも⑤真実は人の数だけある。解釈は人によって違う。それが世界だ。

（森　達也「集団に流されず個人として生きるには」ちくまプリマー新書による。）

※1　NHKの「ダーウィンが来た！」…動物をテーマにした番組の名前。
※2　乾季…一年のうち、雨の少ない季節・時期のこと。
※3　干ばつ…長いあいだ雨が降らず、土地がかれてしまうこと。
※4　解釈…自分なりに意味を考えて理解すること。

問一　波線部①「まったく同じ状況」とはどのような状況かを説明した次の文の空らんに入る言葉を、十五字以上二十字以内で書きなさい。句点（。）読点（、）も含む。

［　　　　　　　　　　　　］状況。

問二　②　に入る言葉を本文中から漢字二字でさがし、ぬき出して書きなさい。

問三　次の文は、波線部③「まったく違う感情を抱く」とはどのようなことを説明しています。空らんに入る言葉を、それぞれ指定の字数で本文中からさがし、ぬき出して書きなさい。句点（。）読点（、）も含む。

メスライオンに対しては、　A（十一字）　と祈り、インパラに対しては、　B（八字）　と思うということ。

問四　波線部④「どこから見るかで景色はまったく変わる」とはどういうことか、「情報」という言葉を使って二十字以上三十字以内で説明しなさい。句点（。）読点（、）も含む。

問五　波線部⑤「真実は人の数だけある」について、このことに関係の深い四字熟語を、次のア〜エの中から一つ選び、記号で答えなさい。

ア　異口同音（いくどうおん）
イ　十人十色（じゅうにんといろ）
ウ　付和雷同（ふわらいどう）
エ　正真正銘（しょうしんしょうめい）

問六　この文章の構成の特徴として、最もふさわしいものを次のア〜エの中から一つ選び、記号で答えなさい。

ア　専門的な言葉を数多く使うことで、筆者が主張することに説得力をもたせている。

イ　具体例を示しながら、誰でも理解しやすいように筆者の考えを伝えている。

ウ　読者にわかりやすく伝えるために、筆者の主張を何度もくり返し説明をしている。

エ　読者の感情に訴えかけることで、筆者自身の考えに共感が得られるようにしている。

問七　千花さんと良夫さんが、この文章について話をしています。空らんに入る言葉の組み合わせとして、最もふさわしいものをあとのア～エの中から一つ選び、記号で答えなさい。

千花　今回の文章を読んで、関係のありそうな言葉を調べてみたよ。

良夫　どんなものが見つかったの。

千花　「鳥の目」「虫の目」「魚の目」というものがあるそうだよ。

良夫　はじめて聞いたよ。「鳥」や「虫」や「魚」にはどんな意味があるのかな。

千花　「鳥の目」の「鳥」は、鳥が空の高いところから離れた地面を見るように、「情報に対して距離を取って見直す」ということを意味しているんだって。

良夫　なるほどね。それに対して「虫の目」というのは、「情報に対して　Ａ　理解する必要がある」という意味になるのかな。

千花　そうそう。さすが良夫さんだね。その通りだよ。

良夫　じゃあ、「魚の目」というのは何だろう。距離の話ではなさそうだけど…。

千花　「魚の目」というのは「情報を理解するためには時代や社会の　Ｂ　の中で考える必要がある」ということだそうだよ。

良夫　たしかに、それなら水にすむ「魚」という言葉が使われるのも納得できるね。

ア　Ａ　近づいて　　Ｂ　流れ

イ　Ａ　同時に　　　Ｂ　動向

ウ　Ａ　くわしく　　Ｂ　安定

エ　Ａ　すばやく　　Ｂ　流行

2　千花さんと良夫さんが千葉市の各家庭に配布されている「ちば市政だより」を読み、
　　先生と話をしています。次の3人の会話を読んであとの問1〜問6に答えなさい。

3人の会話

先生：「ちば市政だより」の2023年2月号に、千葉市役所の新庁舎に関する記事が
　　　ありました。

千花：新庁舎はなぜ造られたのですか。それまでの庁舎ではいけなかったのですか。

先生：旧庁舎は①約50年前に建てられたので、老朽化が進んでいました。他にも
　　　耐震性の問題などがあったため、新庁舎を造ることに決まりました。

千花：新庁舎にはどのような特徴があるのですか。

先生：新庁舎には3つの特徴があります。1つめの特徴は新庁舎が自然災害などに
　　　備えた②総合防災拠点になっていることです。自然災害などから千葉市民の
　　　身体・生命・財産を守るために、新庁舎内に危機管理センターが整備されま
　　　した。

良夫：災害などが起きたとき、ぼくたち市民の安全を守るために情報を収集し、
　　　すばやく的確な対応をしてくれるのですよね。

先生：2つめの特徴は③環境性能です。新庁舎は省エネルギー化や太陽光発電によ
　　　り、二酸化炭素の排出量が抑制されています。3つめの特徴は④バリアフ
　　　リーが採用されていることです。

千花：バリアフリーとは何ですか。

先生：障害のある人や高齢者だけでなく、あらゆる人の社会参加を困難にしている
　　　様々なバリア（障壁）を取り除こうとする考えです。新庁舎では全フロアに
　　　多機能トイレが設置され、段差のない通路などが整備されました。

良夫：ぼくも家族で新庁舎に行きましたが、車いすに乗っている祖母でも、不自由
　　　なく見学することができました。

千花：それはとても良かったね。

良夫：祖母は新庁舎の1階に飾ってあった⑤千葉氏の兜に興味を持っていました。
　　　千葉氏については学校で勉強したので、祖母にも教えてあげました。

先生：学校で学んだことを生かすことができて素晴らしいですね。

千花：先生、わたしは新庁舎についてもっと知りたくなりました。

先生：それでは次の⑥社会科見学は千葉市役所に行きましょう。まずは千葉市につ
　　　いて調べ学習を進めていきましょう。

問題は次のページに続きます。

問1　5ページの3人の会話の下線部①に関して、**資料1**は千葉市の各施設と日本の主な出来事について、市役所の旧庁舎が造られた1970年から新庁舎に移転した2023年までをまとめたもの、**資料2**は千葉市立図書館と千葉市美術館の概要についてまとめたものです。**資料1**と**資料2**に関する**千花さんと良夫さんの会話**文中の**ア〜カ**から正しくないものを1つ選び、記号で書きなさい。

資料1　千葉市の各施設と日本の主な出来事

	千葉市の施設について	日本の主な出来事
1970年	市役所旧庁舎が造られる	日本万国博覧会が大阪で開催される
1972年	北部図書館（現千葉市稲毛図書館）がオープンする	アメリカから沖縄が返還される
1986年	千葉ポートタワーがオープンする	G7東京サミットが開催される
1992年	千葉市が全国で12番目の政令指定都市になり、各区役所が業務を開始する	PKO協力法が成立する
1995年	千葉市美術館がオープンする	阪神・淡路大震災が起こる
2005年	アクアリンクちばがオープンする	京都議定書が発効する
2011年	千葉マリンスタジアムの名称が「QVCマリンフィールド」に変更される	東日本大震災が起こる
2023年	市役所が新庁舎に移転する	G7広島サミットが開催される

（千葉市ホームページより作成）

資料2　千葉市立図書館と千葉市美術館の概要

	千葉市立図書館（全体）			千葉市美術館	
	貸出冊数（冊）	貸出登録者（人）	新規購入冊数（冊）	一般成人入館者（人）	その他入館者（人）
2012年	4,030,340	282,811	36,624	122,053	10,507
2013年	3,888,841	271,227	35,643	175,482	9,752
2014年	3,905,237	266,276	34,637	137,398	8,574
2015年	3,851,308	261,336	35,641	156,042	6,700
2016年	3,719,115	254,596	51,766	106,334	6,163
2017年	3,813,996	249,853	31,794	121,820	6,276
2018年	3,682,908	245,275	28,654	111,039	5,579
2019年	3,547,609	237,527	26,938	127,857	8,740

（「千葉市統計書令和4年度版」「千葉市統計書平成29年度版」より作成）

2024(R6) 稲毛国際中等教育学校

K教英出版

千花さんと良夫さんの会話

良夫：**ア**旧庁舎が造られたとき、沖縄はまだアメリカの統治下にあったよ。太平洋戦争が終わって25年以上が経っても、その影響が残っていたことがわかるね。

千花：私は震災が気になったな。日本は世界的に見ても地震が多いと聞いたことがあるよ。**資料1**を見ると、**イ**1970年から2023年の間に少なくとも日本が2回大きな震災にみまわれたということがわかるね。

良夫：それでは詳しく調べるために図書館に行って、本を借りよう。

千花：図書館に行くのは久しぶりだな。2019年の校外学習では、千葉市立中央図書館へ行ったよね。

良夫：**資料2**を見ると、千葉市立図書館全体の**ウ**貸出冊数は2019年が最も少ないね。

千花：そうだね。**資料2**を見ると、千葉市立図書館全体の**エ**貸出冊数は2015年から毎年減り続けているみたい。

良夫：なぜ本を借りる人が少なくなったのかな。新規購入冊数も2016年を境に減り続けているね。学校の友達に図書館で本を借りることをすすめてみよう。

千花：千葉市は、図書館のほかに美術館も運営していて、**資料2**では千葉市美術館の**オ**一般成人入館者は2013年が最も多く、2016年が最も少ないことがわかるね。

良夫：**資料2**の**カ**「その他入館者」が1万人以上だったのは2012年しかないね。

千花：今度は図書館や美術館を利用する人が増えるような取り組みについて考えてみたいな。

問2　5ページの3人の会話の下線部②に関して、(1)、(2)の問いに答えなさい。

(1)　良夫さんは、防災について調べている中で、千葉市の火災に関する**資料3**、**資料4**を見つけました。**資料3**、**資料4**を見て、次の**文章**中の（　a　）（　b　）にあてはまるものとして最もふさわしいものを（　a　）については選択肢**ア〜ウ**、（　b　）については選択肢**エ〜キ**から1つずつ選び、記号で書きなさい。

文章

> 　千葉市の月別の火災の出火件数について、2014年と2021年のそれぞれ最も多い月同士の件数を比較すると、その差は（　a　）です。また、**資料3**、**資料4**から（　b　）。

（　a　）の選択肢

ア　3件　　　**イ**　7件　　　**ウ**　19件

（　b　）の選択肢

エ　2014年と2021年ともに、火災の出火件数が最も多い月は、湿度が1年で最も低い月であることがわかります

オ　2014年と2021年ともに、気温が最も低い月は火災の出火件数が最も多く、ストーブなどの取り扱いに注意する必要があると考えられます

カ　2014年と2021年ともに、千葉市の火災の出火原因で最も多いのは放火（疑い含む）ですが、2021年は2014年と比較すると減少していることがわかります

キ　2014年と比較すると、2021年の千葉市の火災の出火原因のうち、こんろの出火件数は半分以下に減少したことがわかります

資料３　千葉市の火災の出火件数と気温・湿度（上が 2014 年、下が 2021 年）

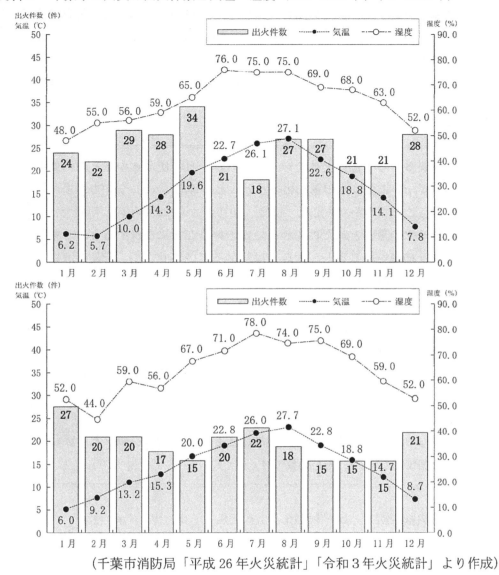

（千葉市消防局「平成 26 年火災統計」「令和３年火災統計」より作成）

資料４　千葉市の火災の出火原因

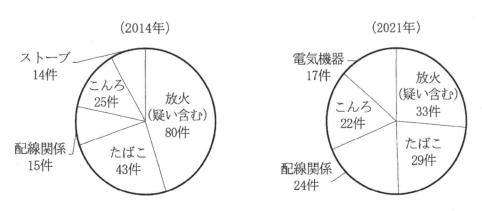

（千葉市消防局「平成 26 年火災統計」「令和３年火災統計」より作成）

(2) 良夫さんは、災害時に重要となるライフラインである水道に興味を持ち、千葉県全体と千葉市の水道使用量について調べている中で、**資料5**、**資料6**を見つけ、考えたことを**メモ**にまとめました。良夫さんの**メモ**の中の（　①　）～（　③　）にあてはまる内容として最もふさわしいものを**a ～ f**から選んだとき、その組み合わせとして正しいものはどれか、あとの**ア～ク**から1つ選び、記号で書きなさい。

メモ

> 　**資料5**から千葉県全体で一人あたりが一日に使う水の量と、千葉市で一人あたりが一日に使う水の量を比べると、どの年も（　①　）の方が多くの水を使っていることがわかりました。また、2015年から2020年の6年間で、一人が一日に使う水の量がどれだけ変わったかということに注目すると、千葉県全体はわずかな増減を繰り返し、大きくは変わっていませんが、千葉市は徐々に増えていることがわかります。2015年と2020年を比べると千葉市では（　②　）Lもの違いがありました。ぼくも今日から、限りある水資源を守るために節水を心がけていきたいと思います。
>
> 　大切な水を守るためにできることは、節水だけではありません。川や沼の水をできるだけ汚さないようにすることも大切です。例えば**資料6**から、しょう油15 mLをそのまま流してしまうと、そのしょう油が流れてきた川を、魚たちが住めるきれいな水に戻すためには浴槽1.5杯分、つまり（　③　）Lの水が必要になります。ですからしょう油などを捨てる時は、紙などに吸わせて可燃ごみで捨てるなどの工夫が必要です。

a　千葉県全体　　b　千葉市　　c　9　　d　19　　e　150　　f　450

ア	① a	② c	③ e		オ	① b	② c	③ e
イ	① a	② c	③ f		カ	① b	② c	③ f
ウ	① a	② d	③ e		キ	① b	② d	③ e
エ	① a	② d	③ f		ク	① b	② d	③ f

資料５　千葉県・千葉市で一人あたりが一日に使う水の量

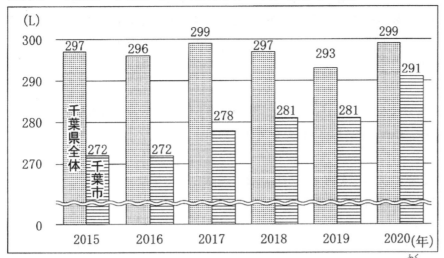

※「千葉県全体」には千葉市で一人あたりが一日に使う水の量も含まれる。

（千葉市営水道「令和３年度水道事業年報」などより作成）

資料６　魚が住める水質にするのに必要な水の量

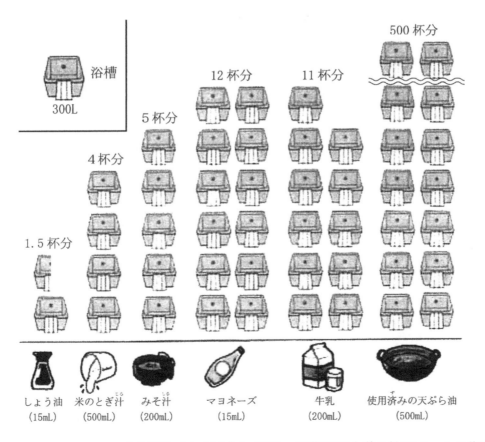

（千葉県「水のはなし 2023　千葉県下水道公社調べ」より作成）

－ 12 －

問3　5ページの3人の会話の下線部③に関して、千花さんは、環境問題を通じて千葉市のごみ問題に関心を持ち、千葉市のごみ処理に関することを調べました。資料7～資料9を見て、その説明として最もふさわしいものを、次のア～エから1つ選び、記号で書きなさい。

ア　千葉市では2007年から焼却ごみ3分の1削減に向けて取り組み、目標を達成して以降、焼却ごみは毎年減少を続けている。

イ　可燃ごみの収集日を週3日から週2日に減らした年は、前年と比べて4万トン以上焼却ごみを減らすことができた。

ウ　数年間ごみの減少が停滞していたが、家庭向けのごみ袋をごみ処理費用の一部を含む価格で販売するようになった年に、焼却ごみ1/3削減の目標を達成することができた。

エ　千葉市では市内に3つあった清掃工場のうち老朽化が進んでいた新港クリーン・エネルギーセンターを廃止し、2023年現在、市内の清掃工場は2つになった。

資料7　千葉市の焼却ごみ削減に向けての取り組み

「焼却ごみ３分の１削減〜リサイクルＮＯ．１大都市・ちば」主な内容
・千葉市は 2007 年から 2016 年までに焼却ごみを３分の１（25.4 万トンまで）削減することを目指した。
・2009 年から週３日だった可燃ごみの収集日を週２日に減らした。
・2014 年から家庭向けの可燃ごみ・不燃ごみの袋をごみ処理費用の一部を含む価格で販売するようになった。
・2017 年に、市内に３つあった清掃工場のうち、老朽化が進んでいた１つを廃止した。

（「焼却ごみ１／３削減」目標達成と今後の取組みについてなどより作成）

資料8　千葉市の焼却ごみ量の推移

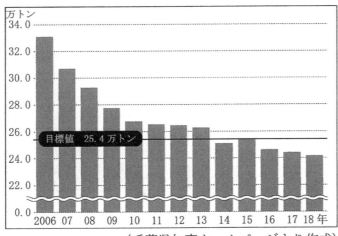

（千葉県知事ホームページより作成）

資料9　千葉市のごみ処理施設　　　　　　（2023 年）

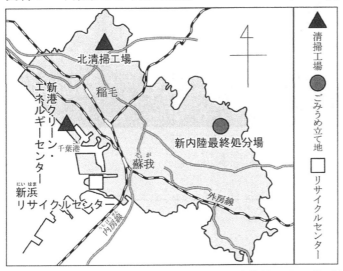

（「かがやく千葉県」より作成）

問4 5ページの3人の会話の下線部④に関して、千花さんと良夫さんは、千葉市役所の新庁舎で資料10の多機能トイレを見つけました。多機能トイレについて先生と話した市役所での会話の中の＿＿＿＿＿＿＿＿にあてはまる理由を20字以上30字以内で書きなさい。

資料10　千葉市役所の多機能トイレ

市役所での会話

先生：千葉市役所新庁舎の多機能トイレには、バリアフリーのための工夫がたくさんありますね。なにか気づいた点はありますか。

千花：はい。**資料10**のように多機能トイレがこのように広々とした設計になっているのは、車いすに乗った方でも身動きがとりやすいためですね。

良夫：便器の横に手すりがあるのも、車いすの方が便器に体を移す時の支えとしてとても大切ですよね。

先生：もうひとつ、車いすの人に向けての工夫として、洗面台の下（〇の部分）に隙間が空いています。なぜ隙間が空いているのだと思いますか。

良夫：それは〔　　　　　　　　　〕ためだと思います。

先生：その通りです。

千花：多機能トイレから、自分たちが普段気にせず使っている場所やものでも、誰かにとっては大きな障壁になっているかもしれないということを考えるきっかけになりました。これからさらに、バリアフリーが取り入れられていくといいですね。

問5　5ページの3人の会話の下線部⑤に関して、千花さんは以前の地域学習で学んだ千葉氏のことを思い出し、千葉氏について調べていると下の資料を見つけました。「千葉市のホームページをまとめたもの」、資料11～資料13を見て、その説明として最もふさわしいものを、あとのア～エから1つ選び、記号で書きなさい。

「千葉市のホームページをまとめたもの」

　　千葉氏は、千葉に本拠地をおいた有力な武士団でした。
　　千葉常胤は源氏軍が平氏軍に敗れたとき、直ちに源頼朝の味方に付き、生涯にわたり頼朝を支えました。
　　常胤は鎌倉が源氏ゆかりの地であること、敵に攻められにくい立地であることから頼朝に鎌倉を拠点にするように勧めました。そして平氏打倒のため、いくつもの戦いに参加し、その褒美として千葉氏一族は数々の所領をもらい、常胤は下総国（現在の千葉市北部等）の守護に任命されました。千葉氏が当時獲得した所領はいまでも北は東北から南は九州まで全国各地に「千葉氏の主なゆかりの地」として残っています。このように鎌倉幕府の成立に大きく貢献した常胤のことを、頼朝は父のように慕っていたと言われています。

（千葉市ホームページより作成）

ア　常胤が任命された役職は将軍に代わって政治を行うものだった。

イ　常胤が鎌倉は敵に攻められにくい立地であると考えたのは、東西南北を山に囲まれている盆地だったからである。

ウ　千葉氏の主なゆかりの地は東日本と西日本では、東日本の方が多い。

エ　六波羅探題がおかれた場所にも「千葉氏の主なゆかりの地」がある。

資料11　鎌倉幕府のしくみ

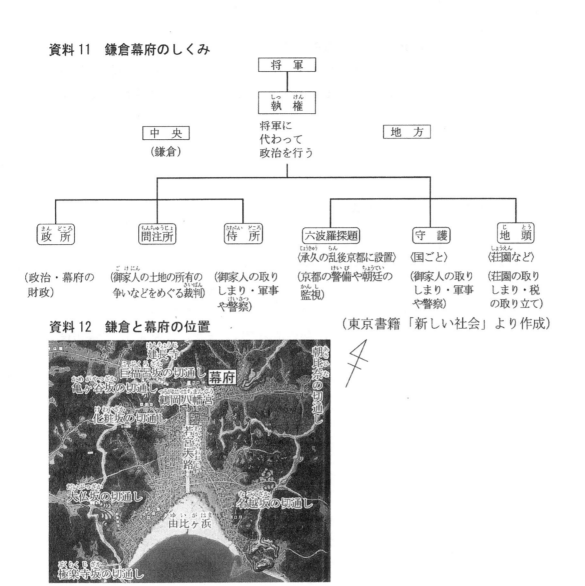

（東京書籍「新しい社会」より作成）

資料12　鎌倉と幕府の位置

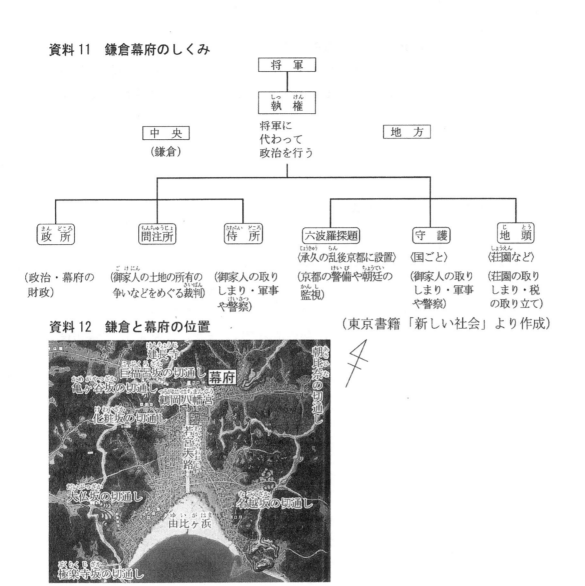

（東京書籍「新しい社会」より作成）

資料13　千葉氏の主なゆかりの地

（千葉市ホームページより作成）

問6　5ページの**3人の会話の下線部⑥**に関して、千花さんや良夫さんのクラスは、次に千葉市役所から移動して、ある場所へ向かいました。先生はそこで責任者から名刺をもらいました。**ある場所での先生と千花さんの会話、資料14、資料15**を見て、先生が責任者からもらった名刺として最もふさわしいものを、あとの**ア〜カ**から1つ選び、記号で書きなさい。

ある場所での先生と千花さんの会話

千花：先生、これを見てください。2枚の地図が壁にかかっています。

先生：そうですね。どちらも千葉市の地図みたいですね。

千花：2019年(平成31年)と1970年(昭和45年)の千葉市の地図と書いてあります。

先生：わたしたちがいるこの場所は1970年の地図だとどのあたりかわかりますか。

千花：(指をさして)ここです。1970年の地図では、まだこの場所も、千葉市役所の旧庁舎もありませんね。

先生：そうですね。この場所の近くには神社がありますが、1970年の地図にも、2019年の地図にもこの神社があります。市役所からは南東に向かって歩いてこの場所につきました。帰りは京成線に乗りますが、ここから一番近い京成線の駅はどこだかわかりますか。

千花：千葉中央駅が一番近いと思います。

先生：その通りです。ここからまた北東に向かって、千葉中央駅に歩いていきましょう。遅くなっては大変ですね。そろそろ出発しましょう。

千花：はい、わかりました。みんなに伝えてきます。

資料14　2019年の千葉市の地図

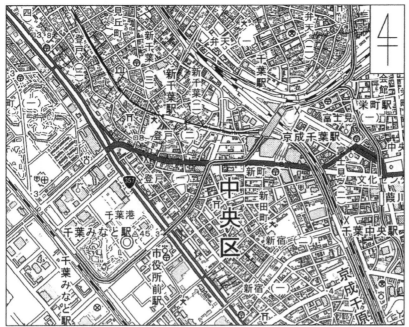

(国土地理院発行　2万5千分の1地形図「千葉西部」　平成31年発行より160%に拡大して作成)

資料15　1970年の千葉市の地図

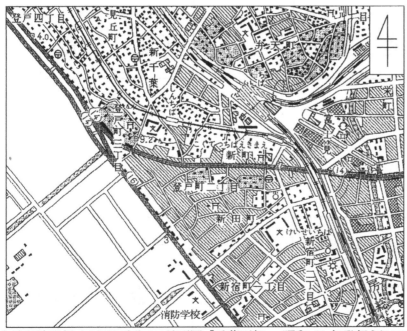

(国土地理院発行　2万5千分の1地形図「千葉西部」　昭和45年発行より160%に拡大して作成)

主な地図記号

⊖	郵便局	⊞	病院	Ｙ	消防署	⊗	警察署	Ｘ	交番
◎	市役所	ö	官公署	日	神社				
仚	老人ホーム	文	小中学校		鉄道				

- 20 -

「責任者からもらった名刺」

ア

千葉市中央区登戸（ちゅうおうく のぶと）
1丁目〇〇交番

千葉　太郎

イ

千葉市中央区登戸
1丁目〇〇病院

千葉　太郎

ウ

千葉市中央区新千葉
3丁目〇〇老人ホーム

千葉　太郎

エ

千葉市中央区新千葉
3丁目〇〇警察署

千葉　太郎

オ

千葉市中央区新宿（しんじゅく）
1丁目〇〇郵便局

千葉　太郎

カ

千葉市中央区新宿
1丁目〇〇消防署

千葉　太郎

令和6年度　適性検査Ⅱ

---------- 注意 ----------

1　**受検番号と氏名**を解答用紙の決められたらんに記入しなさい。

2　問題は $\boxed{1}$、$\boxed{2}$ までで、全部で 12 ページあります。

　検査開始後に、印刷のはっきりしないところや、ページがぬけているところが

あれば、手をあげなさい。

3　検査時間は 45 分間です。

4　声を出して読んではいけません。

5　答えはすべて解答用紙に記入し、**解答用紙を提出しなさい。**

6　答えを直すときは、きれいに消してから、新しい答えを書きなさい。

7　**問題用紙と解答用紙は切ったり、折ったりしてはいけません。**

千葉市立稲毛国際中等教育学校

1   花子さん、太郎さん、次郎さんの3人は千葉市科学館に行きました。次の問いに答えなさい。

問1   3人は、稲毛国際中等教育学校に集合し、千葉市科学館に自転車で向かいました。図1は3人の行きの様子をグラフに表したもので、表1は集合場所からそれぞれの場所への道のりをまとめたものです。行きは、黒砂橋で少し休み、コンビニエンスストアで昼食を買い、みなと公園で休んでから、千葉市科学館に向かいました。帰りは、15時に千葉市科学館を出て、行きと同じコースを自転車で走って稲毛国際中等教育学校に向かいました。行きに昼食を買ったコンビニエンスストアで10分間買い物をした以外、休むことなく自転車で走って、15時50分に稲毛国際中等教育学校に着きました。その結果、千葉市科学館を出てからコンビニエンスストアに着くまでにかかった時間と、コンビニエンスストアを出てから稲毛国際中等教育学校に着くまでにかかった時間が同じでした。あとの(1)、(2)の問いに答えなさい。ただし、行きの行程のそれぞれの区間と、帰りの行程のそれぞれの区間の中において、自転車の速さは一定であったものとします。

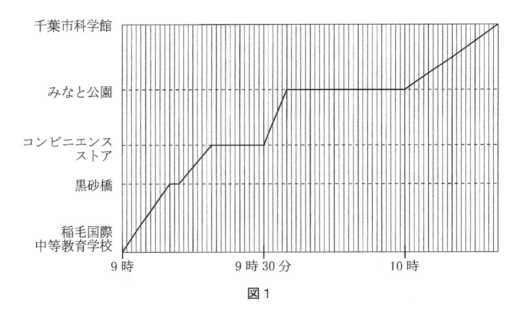

図1

	集合場所からの道のり（m）
稲毛国際中等教育学校	0
黒砂橋	2100
コンビニエンスストア	3300
みなと公園	5000
千葉市科学館	7000

表1

(1) 行きの行程について、次の①、②の問いに答えなさい。

① みなと公園で休んだ時間は何分間ですか。

② 最も速く走っていたのはどこからどこまでの区間ですか。次のア～エから１つ選び、記号で書きなさい。
  ア 稲毛国際中等教育学校の入り口～黒砂橋
  イ 黒砂橋～コンビニエンスストア
  ウ コンビニエンスストア～みなと公園
  エ みなと公園～千葉市科学館

(2) 帰りの行程について、次の①、②の問いに答えなさい。

① 帰りの様子を表すグラフを、図１にならってかきなさい。

② 千葉市科学館からコンビニエンスストアまでの区間の速さは、時速何 km ですか。

問2　3人は、自転車がどのように動いているかについて調べました。3人の会話について、あとの(1)、(2)の問いに答えなさい。ただし、円周率は3とします。

太郎：自転車は、ペダルを足でこぐと、前輪と後輪が回って進むよね。前輪と後輪が1回転するとどれくらい進むのかな。

花子：私の自転車だと、前輪と後輪は両方とも直径24インチだね。1インチが2.5cmだとすると、前輪と後輪が1回転したら（　　　）cm進むよ。

次郎：そもそも、ペダルをこぐとなぜ前輪と後輪が回るんだろう。

太郎：自転車には、ペダルの中心に前歯車と、後輪の中心に後ろ歯車があって、ペダルが1回転すると前歯車も1回転、後ろ歯車が1回転すると後輪も1回転するよ。前歯車と後ろ歯車はチェーンでつながっていて、前歯車が動いた歯数の分だけ、後ろ歯車も動いて後輪が回るようになっているんだ。前輪には歯車もチェーンもないけど、後輪が回って自転車が前に進むから、前輪もいっしょに回るんだよ。

次郎：そうなんだ。そういえば、花子さんの自転車には歯車がたくさんあったね。

花子：私の自転車には、前歯車に歯数が40個と48個の2種類の歯車、後ろ歯車に歯数が10個、12個、16個、18個、20個、24個の6種類の歯車があるんだよ。変速機という装置を操作して、チェーンにつながる歯車の組み合わせを変えているんだ。

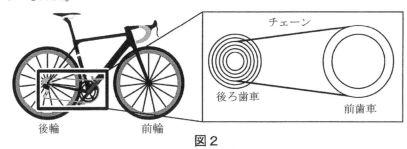

図2

太郎：歯車の組み合わせを変えると何が変わるの。

次郎：歯車の組み合わせで、後輪が回る力が変わるって聞いたことがあるよ。坂を上るときや、速く進みたいときで、歯車の組み合わせを変えるんだよね。

花子：そうだね、進む道によって歯車の組み合わせを変えているよ。でも、後輪が回る力については考えたことがなかったから、私の自転車を使って調べてみようよ。

太郎：いい考えだね。歯車の組み合わせを変えながら、水平にしたペダルの上におもりを乗せたときに後輪が回る力を、はかりではかってみよう。

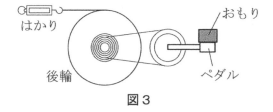

図3

(1) 次の①、②の問いに答えなさい。

① 会話文中の（　　　）にあてはまる数を書きなさい。

② 花子さんの自転車の前歯車の歯数が 48 個、後ろ歯車の歯数が 12 個のとき、花子さんがペダルを 20 回転させると、後ろ歯車は何回転しますか。

(2) ペダルの上に乗せるおもりの重さ、前歯車の歯数、後ろ歯車の歯数の条件をいろいろ変えて、後輪が回る力を、花子さんの自転車を使って調べました。**表2**は、その結果をまとめたものです。

おもりの重さ (g)	450	450	450	450	600	600	600	600
前歯車の歯数 (個)	40	40	48	48	40	40	48	48
後ろ歯車の歯数 (個)	10	16	18	24	12	20	12	18
後輪が回る力 (g)	61	97	91	121	97	161	81	121

表2

後輪が回る力が最も大きくなる組み合わせとして正しいものを、次の**ア〜ク**から1つ選び、記号で書きなさい。

	おもりの重さ	前歯車の歯数	後ろ歯車の歯数
ア	小	小	小
イ	小	小	大
ウ	小	大	小
エ	小	大	大
オ	大	小	小
カ	大	小	大
キ	大	大	小
ク	大	大	大

－4－

問3　千葉市科学館が入っている建物「Ｑｉｂａｌｌ（きぼーる）」には、館外から見える大きな球があります。この球の中はプラネタリウムになっており、直径は26 mとのことです。ギリシャの科学者であるアルキメデスは、球の体積について次のような法則を発見しました。

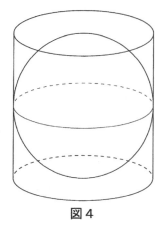

図4のように、球がちょうど入る（高さと底面の直径が球の直径と等しい）円柱を考えると、
　球の体積：円柱の体積＝２：３　となる。

図4

　この法則を利用して、次の(1)、(2)の問いに答えなさい。ただし、円周率は３とします。

(1)　次の①、②の問いに答えなさい。

①　「きぼーる」の球がちょうど入る円柱の表面積を求めなさい。
　　表面積とは、円柱の展開図の面積のことです。

②　「きぼーる」の球の体積を求めなさい。

(2)　太郎さんと花子さんは学校で「きぼーる」の球の模型をそれぞれ作りました。２人が作った「きぼーる」の球の模型は体積が同じ球です。図5のように、太郎さんの模型は立方体のいれものに、花子さんの模型は円柱のいれものに入っていて、それぞれのいれものは、球の模型がちょうど入るようになっています。（球が立方体にちょうど入るとは、球の直径と立方体の１辺の長さが等しいことを表す。）次郎さんは、２つのいれものの容積の違いが気になり調べたところ、容積の違いは400cm³でした。球の模型の半径の長さとして、最も近いものを、次のア～エから１つ選び、記号で答えなさい。

太郎さんの模型といれもの　　　　花子さんの模型といれもの

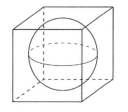
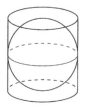

図5

ア　4cm　　　イ　5cm　　　ウ　6cm　　　エ　7cm

問題は次のページに続きます。

2 　6年生のクラスで、各グループでテーマを決めて調べることにしました。各グループの発表をまとめたものを読んで、次の問いに答えなさい。

問1　たくろうさんのグループは、熱の伝わり方と水の動きについて調べました。これについて、あとの(1)～(3)の問いに答えなさい。

　図1のように学校の屋上に自然循環式太陽熱温水器がありました。この温水器は、貯湯部と集熱部の2つの部分からできていて、貯湯部位置が高く、集熱部位置が低くなるように置かれていました。この温水器の仕組みについて調べると、この温水器の内部は図2のようになっていて、斜線部分は水を表しています。集熱部では太陽の熱によって水を温めていて、温められた水は管【　　　】を通って、貯湯部にたくわえられます。貯湯部にたくわえられた温水は、管Aを通って外にある蛇口から使われ、貯湯部の温水が少なくなると管Bから新しい水が貯湯部に入ります。

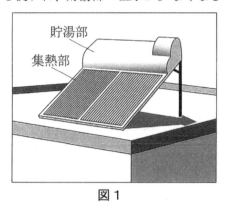

図1

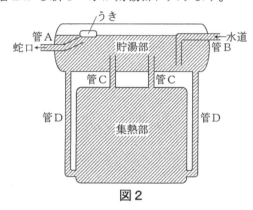

図2

　また、貯湯部の温水の量が変化して、貯湯部の水位が上下すると、うきと、うきとつながった管Aの右側の口も上下します。これによって、貯湯部の水位が変化しても、管Aの右側の口が水面のすぐ下にくるようになり、貯湯部にたくわえられた水の中で（　　　）を蛇口から使うことができます。

(1)　文章中の【　　　】にあてはまる記号として最もふさわしいものを、図2中の管A～Dから1つ選び、記号で書きなさい。

(2)　自然循環式太陽熱温水器の集熱部での水の動きと同じ原理による現象を、次のア～エから1つ選び、記号で書きなさい。
　ア　水を温めると、水にとかすことのできる砂糖の量が増えた。
　イ　こんろで湯をわかしていたアルミニウムのやかんをさわると熱かった。
　ウ　燃えている炭に空気を送りこむと、激しく燃えるようになった。
　エ　線香に火をつけると、煙が上に上がっていった。

(3) 文章中の（　　　　　　）にあてはまる言葉として最もふさわしいものを、次の
ア〜ウから１つ選び、記号で書きなさい。

　　ア　一番温かい部分の水

　　イ　水道から入ってきたばかりの水

　　ウ　一番冷たい部分の水

問2　まりさんのグループは、春分の日における千葉市での太陽の見え方について調べました。あとの(1)、(2)の問いに答えなさい。ただし、太陽の動く速さは一定とします。

春分の日における千葉市での太陽の見え方について予想してから、実際に調べました。

〔予想した内容〕

・昼の時間と夜の時間はそれぞれ12時間ずつだと予想しました。

・日の出は、太陽の上半分が地平線の上に出た瞬間で、日の入りは、太陽の下半分が地平線の下に入った瞬間だと予想し、真南を向いた時の太陽の通り道を図3のように表しました。

・太陽の中心は地平線の真東と真西を通過すると予想しました。

・日の出の方位は太陽の中心がある真東で、日の入りの方位は太陽の中心がある真西だと予想しました。

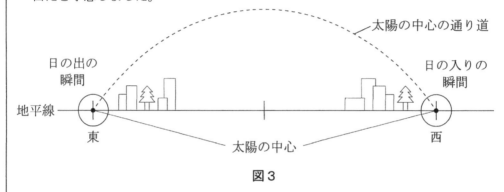

図3

〔調べた結果〕

・昼の時間は夜の時間よりも長くなっていました。

・日の出は、地平線から太陽の一部が見えるようになる瞬間、日の入りは地平線から太陽が全て見えなくなる瞬間です。（図4）

・太陽の中心は地平線の真東と真西を通過していました。

・日の出の方位は太陽の上側が見え始める場所なので、【　a　】寄り、日の入りの方位は太陽の上側が見えなくなる場所なので、【　b　】寄りでした。

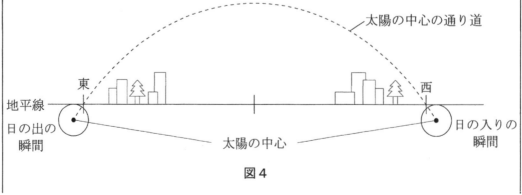

図4

・図5のAは、日の出のときの太陽の中心、Bは太陽の上半分が地平線の上に出たときの太陽の中心の場所です。点線のAからBまでの長さは、太陽の半径の1.2倍で、太陽の中心がAからBまで動くのにかかる時間をはかったところ、1分12秒かかりました。

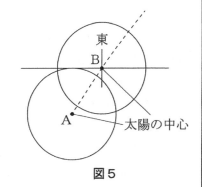

図5

〔調べた結果〕を使って、私たちから見た太陽の大きさについて考えました。

・太陽の中心が半径の長さの分だけ動くのに【　c　】分かかります。
・日の出 → 昼 → 日の入り → 夜 → 日の出と、太陽が1日で1周しているように見えます。つまり、太陽は24時間で360度動いているように見えるので、太陽は1度動くのに【　d　】分かかります。
・図6のように私たちから見た太陽の大きさを角度で考えると、太陽の大きさは【　e　】度になります。

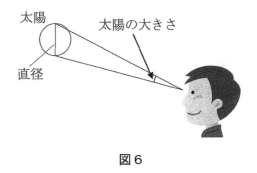

図6

(1) 文章中の【　a　】、【　b　】にあてはまる方位として最もふさわしいものを、次のア〜エから1つずつ選び、記号で書きなさい。

　　ア　真東よりも北　　　イ　真東よりも南
　　ウ　真西よりも北　　　エ　真西よりも南

(2) 文章中の【　c　】〜【　e　】にあてはまる数を書きなさい。

問3　まいさんのグループは、ヒトの体について調べました。あとの(1)～(3)の問いに答えなさい。

睡眠時の成人の心臓は、1分間に60回のはく動で1分間に約4.2Lの血液を全身に送り出します。はく動によって心臓から勢いよく送り出された血液が通る血管を動脈といい、心臓から送り出された血液が肺や全身を通ったあとゆっくりと心臓にもどってくるときに通る血管を静脈といいます。心臓から送り出された血液は、小腸やかん臓、じん臓などに流れていきます（図7）。また、全身から心臓にもどってきた血液は肺に送られ、血液中にある二酸化炭素をはく空気の中に出して、体の活動に必要な酸素を血液中に取りこみます。

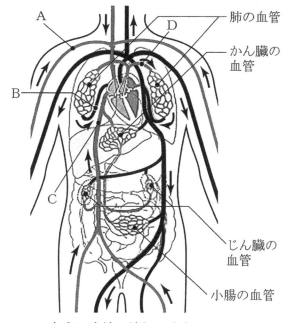

矢印は血液の流れる向き
図7

　小腸では、食物の養分を血液中に吸収しています。かん臓では、血液中の養分をたくわえたり、たくわえた養分を血液中に放出したりしています。

　じん臓では、血液中にある体に不要なものを集めて体の外に出すために、じん臓に入ってくる血液から原尿という液体をつくっています。ただ、原尿には体に必要なものが多くふくまれているので、体に必要なものを原尿から血液にもどして、体に不要なものが原尿よりも濃くなった尿という液体をつくり、尿を体の外に出しています。

(1)　血液の流れについて、次の①、②の問いに答えなさい。

①　心臓や動脈、静脈について述べたものとして正しいものを、次のア～エからすべて選び、記号で書きなさい。

　　ア　手首では動脈で脈はくを感じることができる。

　　イ　運動をしているときも運動をしていないときも、1分間に心臓が全身に送り出す血液の量は同じである。

　　ウ　睡眠時の成人の心臓の1回のはく動で全身に送り出される血液量は約70mLである。

　　エ　脳やじん臓に送られた血液は心臓にもどらないで肺にいくことがある。

② 酸素を多くふくむ血液が流れる静脈としてふさわしいものを、**図7**中のA〜D
から1つ選び記号で書きなさい。

(2) かん臓では、血液中の養分が一定になるように、血液中の養分の量を調整してい
ます。血液中の養分の量について説明した次の文章中の【 a 】〜【 d 】に
あてはまることばの組み合わせとして正しいものを、次の**ア〜エ**から1つ選び、記
号で書きなさい。

> 満腹時は、小腸からかん臓に流れる血液中の養分の量が【 a 】ため、
> かん臓は養分を【 b 】。
> 空腹時は、小腸からかん臓に流れる血液中の養分の量が【 c 】ため、
> かん臓は養分を【 d 】。

	a	b	c	d
ア	多くなる	放出する	少なくなる	たくわえる
イ	多くなる	たくわえる	少なくなる	放出する
ウ	少なくなる	放出する	多くなる	たくわえる
エ	少なくなる	たくわえる	多くなる	放出する

(3) 体に不要なものとして尿素という物質があります。血液中にある尿素はじん臓で
集められて、尿の一部として体の外に出されます。**表1**は成人のじん臓で作られる
原尿や成人の尿の重さ、ふくまれる尿素の重さについてまとめたものです。尿にふ
くまれる尿素の濃さは、原尿にふくまれる尿素の濃さの何倍になりますか。小数第
一位を四捨五入して整数で求めなさい。

	原尿	尿
1日に作られる重さ（g）	150000	1500
ふくまれる尿素の重さ（g）	45	30

表1

K 教英出版

令和6年度　適性検査Ⅲ

注意

1　**受検番号と氏名**を解答用紙の決められたらんに記入しなさい。

2　問題は1、2までで、全部で6ページあります。
　　検査開始後に、印刷のはっきりしないところや、ページがぬけているところが
あれば、手をあげなさい。

3　検査時間は45分間です。

4　声を出して読んではいけません。

5　答えはすべて解答用紙に記入し、**解答用紙を提出しなさい。**

6　答えを直すときは、きれいに消してから、新しい答えを書きなさい。

7　**問題用紙と解答用紙は切ったり、折ったりしてはいけません。**

千葉市立稲毛国際中等教育学校

1 放送による外国語の問題

　☆問題は、**問1**から**問5**までの5問あります。

　☆英語はすべて2回ずつ読まれます。問題用紙にメモを取ってもかまいません。

　　答えはすべて解答用紙に記入しなさい。

問1　次の1.から3.について、放送された内容として最もふさわしいものを、それぞれ
ア〜エの中から1つ選び、記号で答えなさい。

1. ア nice　　　　イ nine　　　　ウ rice　　　　エ ice

2. ア　　　　イ　　　　ウ　　　　エ

3. ア　　　　イ　　　　ウ　　　　エ

問2　ある場所で2人が話をしています。2人の話を聞いて、この話が行われている場所の
絵として最もふさわしいものを、次の**ア〜エ**の中から1つ選び、記号で答えなさい。

ア　　　　イ

ウ　　　　エ

問3　Tom（トム）さんが毎週日曜日にすることを順番に話しています。正しい順番になるように**ア〜エ**をならべ、記号で答えなさい。

問4　Ayako（あやこ）さんと Bob（ボブ）さんが動物園の案内図を見ながら話しています。2人の話を聞き、その後に放送される質問の答えに合うものを、下の案内図の中の**ア〜エ**の中から1つ選び、記号で答えなさい。

問5　Kenta（けんた）さんは Lucy（ルーシー）さんに夏休みに撮った写真を見せ、話をしています。2人の話を聞き、次の 1. と 2. に答えなさい。

1. 2人が見ている写真として最もふさわしいものを、次のア〜エの中から1つ選び、記号で答えなさい。

ア

イ

ウ

エ

2. この会話の後で、Lucy さんはどのようなことをすると考えられますか。最もふさわしいものを、次のア〜エの中から1つ選び、記号で答えなさい。
　　ア　けんたさんの家に行き、モモに会う。
　　イ　けんたさんの家に行き、ポチに会う。
　　ウ　ルーシーさんの家に行き、モモに会う。
　　エ　ルーシーさんの家に行き、ポチに会う。

これで放送による外国語の問題を終わります。

Bob: They are by the monkeys.

質問　Where are Bob's favorite animals?

問5

Lucy:　How was your summer vacation, Kenta?

Kenta: It was great.　My family and I went to Chiba. I enjoyed barbecuing at the beach and swimming in the sea.　Look at this picture.

Lucy:　Oh, you enjoyed swimming.

Kenta: Yes.　It was fun.

Lucy: Is this your sister, Momo?

Kenta: No, she can't swim.　This is Momo.

Lucy:　I see.　Oh, she is with a dog.　Is this your dog?　It's small and white.

Kenta: Yes.　It's my dog, Pochi.

Lucy: It's very cute.　I want to go to your house and see Pochi.

Kenta: OK.　How about today?

Lucy: Great!　Thank you.

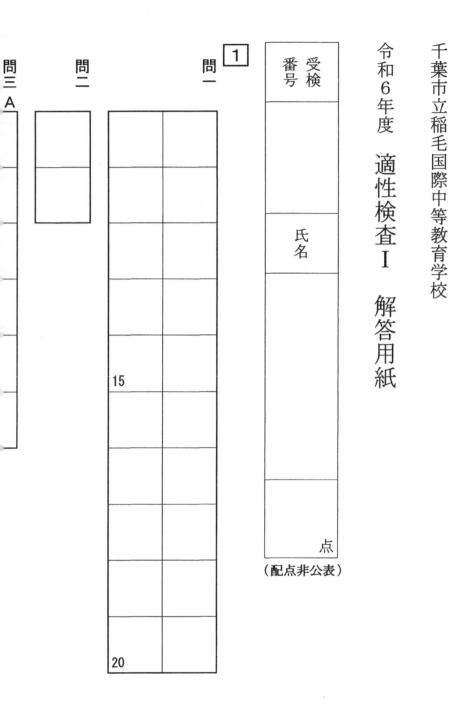

千葉市立稲毛国際中等教育学校

令和6年度　適性検査Ⅰ　解答用紙

1

受検番号

氏名

点

（配点非公表）

問一

15

20

問二

問三A

問4　それは

									20
									30

ためだと思います。

問5

問6

稲毛国際
中等教育学校

|||||||||||||||||||||||||||||||||||||||||||||||||||||||||||||||||||||||||||||||||||||||||||||||

15 時　　　　　　　　　　　15 時 30 分　　　　　　　　　16 時

(2)②　| 時速　　　　　　　　　km |

問2　(1)①　|　　　　　　　　　|　　(1)②　|　　　　　　　回転 |

　　　(2)　|　　　　　　　　　|

問3　(1)①　|　　　　　　　m² |　　(1)②　|　　　　　　　m³ |

　　　(2)　|　　　　　　　　　|

a	

b	

(2)

c	

d	

e	

問3　(1)①

(1)②

(2)

(3)

	倍

問3

→　　　　　→　　　　　→

問4

問5

1.	
2.	

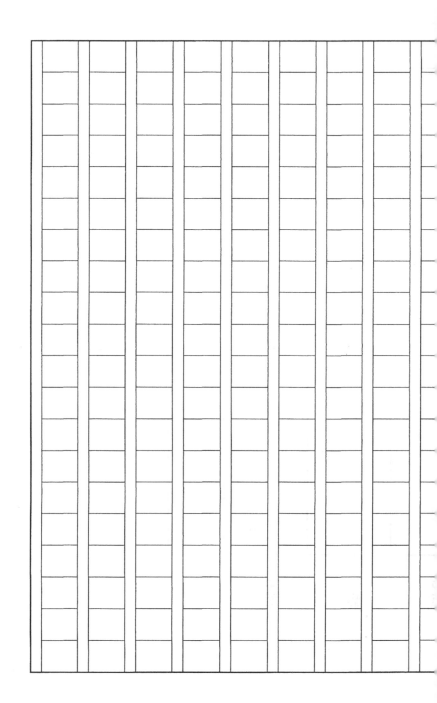

千葉市立稲毛国際中等教育学校

令和6年度　適性検査Ⅲ　解答用紙

受検番号	氏名	
		点

2

問一

今できること	
30	

問二

将来できること	
30	

受検番号		氏名		
				点

（配点非公表）

1

問1

1.	
2.	
3.	

問2

千葉市立稲毛国際中等教育学校

令和6年度　適性検査Ⅱ　解答用紙

受検番号		氏名		点

2

問1　(1)

(2)

(3)

千葉市立稲毛国際中等教育学校

令和6年度　適性検査Ⅱ　解答用紙

受検番号		氏名		
				点

（配点非公表）

1

問1　(1)①

分間

(1)②

(2)①

千葉市科学館

みなと公園

コンビニエンス

千葉市立稲毛国際中等教育学校

令和6年度　適性検査Ⅰ　解答用紙

受検番号		氏名		点

2

問1

問2　(1) a　　　　　　　　　　b

(2)

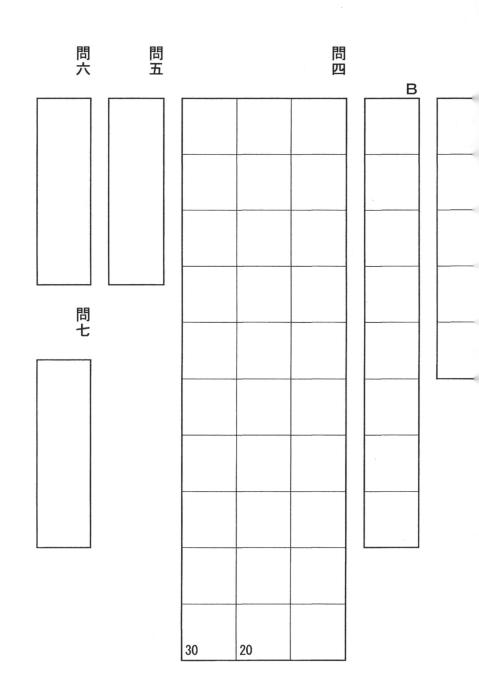

問六　問五　　　　　　　問四　　　　　　　　Ｂ

問七

30　20

【解答

適性検査Ⅲ ① 放送文（参考）

※教英出版注
音声は，解答集の書籍ID番号を
教英出版ウェブサイトで入力して
聴くことができます。

問 1

1.Nice

2.zebra

3.Two cucumbers and three onions are on the table.

問 2

Man: I want a sandwich, please.

Woman: Do you want tomatoes in your sandwich?

Man: Yes, please. How much is the sandwich?

Woman: It's 400 yen.

問 3

I get up at 7:30 on Sunday. I walk my dog at 8:00. I eat lunch. My friends and I play soccer in Inage Park.

I take a bath at 7:00 and go to bed at 9:00.

問 4

Bob: What animal do you like, Ayako?

Ayako: I like lions. I want to see lions.

Bob: We can see two lions in this zoo. They are by the bears.

2 次の文章を読んで、あとの問いに答えなさい。

三十四歳の「わたし」（陽菜）は、新生活に向けて引っ越しの準備をしている。荷物の整理をしながら過去を振り返った「わたし」は、二十年前の自分を思いながら、手紙を書くことにした。

わがままで、がんこな、この性格。

思いこんだら、ほかのことは何も見えなくなる。昔からそうだった。この性格そのものが※コンプレックスだったのだ。

三十四年生きてきて、わたしにはわかったことがひとつだけある。

性格は、変えられない。コンプレックスは、消えない。

けれどもそれは決して悪いことじゃない。

変えられない性格と、消えないコンプレックスこそが、強く生きてゆくための力になるのだ。

引っ越しの荷造りをすべて終えてから、わたしは手紙を書いた。

わたしによく似た、十四歳のひな鳥たちに宛てて。

ー4ー

旅立つ小鳥たちへ

あなたは今、何歳ですか？

もしも十四歳であるならば、この手紙を読んでください。これは、わたしが二十年前のわたしに宛てて書いた手紙です。同時に、わたしと同じ十四歳のあなたたちに宛てて書いた手紙です。

わたしはきょう、十年間、住み慣れた巣から、旅立っていきます。

遠い世界で、わたしを待ってくれている子どもたちが大勢います。①じゅうぶんな食べ物もなく、清潔な飲み水もなく、毎日のように、飢えて亡くなっている人たちが大勢いる世界です。

なぜ、こんな世界があるのでしょうか。

それは人間が起こした戦争や紛争のせいです。

戦いが終わらないから、子どもたちの苦しみも終わらないのです。

わたしはひとりの日本人、女性です。

三十四年、日本で幸せに暮らしてきました。

でも、この地球上には、苦しんでいる子どもたちがいる、ということを知ってから、どんな小さなことでもいいから、子どもたちの力になりたい、そういう仕事をしたいと思うようになりました。

調べてみると、わたしにもできることが色々ありました。それをやるために、日本での生活にひと区切りをつけて、わたしは旅立つ決心をしたのです。

な鳥たちは、自分の翼を広げて飛べるようになったとき、安心して暮らせるあたたかな巣を離れて、ひとりで旅立ってゆきます。わたしもそんなひな鳥のひとりとして、きょう、未知の世界へ出発します。

いつか、どこかで、あなたに会えたとき「あの日、旅立って、よかった」と、胸を張って言えるようなわたしでありたいと思います。

あなたは今、どんなコンプレックスを抱えていますか。

ときにはコンプレックスに押しつぶされそうになることも、あるかもしれません。かつてのわたしのように。

わたしは、あなたに、こう言いましょう。

そのコンプレックスがあなたそのものだよ。

コンプレックスは宝物みたいなもの。

②弱点も、短所も、あなたの味方に、生きる力になってくれるよ。

無理して乗り越えようとしなくていい。

いっしょに歩いていけばいいよ。

あした旅立つすべての小鳥たちへ、陽菜より

（小手鞠るい「旅立つ小鳥たちへ」『飛ぶ教室 第七十一号』所収　光村図書出版による。一部中略した箇所がある。）

※１　コンプレックス…自分が他人に比べておとっていると思う気持ち。

問一　波線部①「じゅうぶんな食べ物もなく、清潔な飲み水もなく、毎日のように、飢えて亡くなっている人たちが大勢いる」とあります。左の国連が示した「持続可能な開発目標（SDGs）」の中にもある「飢餓をゼロに」を達成するために、あなたが今できることと、将来できることは何だと考えられますか。それぞれ三十字程度で考えて書きなさい。句点（。）読点（、）も合む。

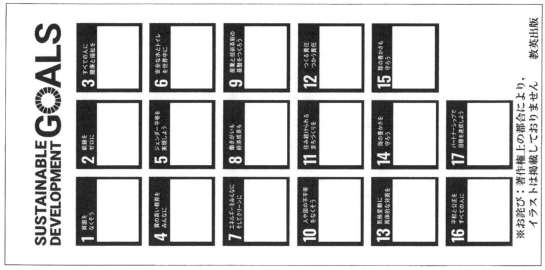

2024(R6) 稲毛国際中等教育学校

K 教英出版

問二　波線部②「弱点も、短所も、あなたの味方に、生きる力になってくれるよ」とあります。あなたの「長所」や「短所」はどのようなものですか。また、それが「生きる力になってくれる」とはどのようなことだと思いますか。あなたの経験を交えて具体的に書きなさい。ただし、次の【書くことのきまり】にしたがって書くこととする。

【書くことのきまり】
1　九行以上十行以内で書くこと。
2　二段落構成とし、一段落目にはあなたの経験を交えて「長所」または「短所」を書くこと。二段落目にはその「長所」や「短所」が「生きる力になる」とはどのようなことかを書くこと。
3　句点や読点もすべて一字として数えること。ただし、句点や読点が行のはじめ（一マス目）に来る場合には、前の行の最後のマスに文字と一緒に入れること。
4　文字やかなづかいを正しく書き、漢字を適切に使うこと。

令和5年度　適性検査 I

千葉市立稲毛国際中等教育学校

1 次の文章を読んで、あとの問いに答えなさい。

「百聞は一見にしかず」ということわざがあります。たとえば、外国の話を百回も聞いて、外国のことをかなり知っているつもりになっている。それで、はじめて外国に行ってみると、思わぬことをたくさん発見して「やはり自分で来て見てみなければわからないものだなあ」と思うようなものです。「百聞は一見にしかず」の「しかず」というのは、漢字では「如かず」と書き、「そのごとくにはならない」という意味です。ですから、「百聞は一見に如かず」というのは、「百回聞いても、一回見たのと同じようにはならない」という意味です。

もちろん、特に有名な事柄はよく話に出てくるので、自分で外国に行って見てみても、「じっさい話に聞いた通りだなあ」ということになる程度かもしれません。（　ア　）

この「百聞は一見に如かず」というときの「一見」には、「絵や写真で見る」というようなものも含めてもらうかもしれませんが、一般には、じっさいに「自分で経験する・体験する」の「験」と考えたほうがいいでしょう。「何でも自分でやってみる＝体験すると、話を聞くだけだったときとは比べられないほどいろいろなことを知ることができる」ということは、たいていの人が体験していることだと思います。それで、①このことわざを口にする人が多いのでしょう。

しかし、②自分の目で見、自分でいくら経験・体験しても、なかなかわからないこともあります。外国旅行をすれば、目立つものは誰でも気づきますが、特別に興味をもって注意をしないとわからないこともたくさんあります。たとえば、ヨーロッパに行って自分で鉄道旅行の計画を立てようとして、※1時刻表を買おうとしてはじめて「ヨーロッパでは駅の売店でも『時刻表』を売っていない」ということに気づくことになります。ヨーロッパでは、（旅行の専門家）以外は、「自分で鉄道の『時刻表』を買って旅行の計画を立てる」などということをしないのだそうです。そういう「　③　」は本を読んではじめてわかるのがふつうなのです。（　イ　）

ヨーロッパ旅行をすると、「ホテルやレストランやタクシーを利用したとき、料金のほかに〈チップ〉という小銭を渡す習慣がある」と聞かされて、そのつどいくらぐらいの〈チップ〉を渡したらいいか、頭を悩ますことになります。しかし、「どうしてヨーロッパにはチップというものがあるのか、なぜ日本にはないのか」ということは、いくらヨーロッパに旅行してもわかりません。そんなことは街角に書いてあるわけではなく、ヨーロッパの人に聞いてもわかることではないからです。そういうことは、それについて書かれた本を読んではじめて知ることができるのです。

このように、いくら自分で外国旅行を体験しても、目の鋭い人の旅行記や外が

国文化論などを読むと、思わぬことを教えられて驚くことがたくさんあります。ふつうの人には見えにくいことや、いくら見てもわからないことは、やはりその道の専門家の書いた本を読んでみるほかないのです。そこで、「百聞は一見に如かず」ということわざに加えて、「百見は一読に如かず」ということもできます。

そういえば、よく「科学というものは、自分自身で実験して確かめてみることが大切だ」と言われます。しかし、科学の本を読みもしないで、やみくもに実験したり体験したりしても、何も新しいことを発見できないのが普通です。日本人も昔から、物が落下することや、水に入れた物に浮力がはたらくことを体験していました。しかし、いくら体験していても、落下の法則や浮力の原理を発見することはできませんでした。そういうことは、外国伝来の科学の本を読んではじめて知るようになったのです。（　ウ　）

そこで、※2幕末から明治初年には、④科学も「文学」に分類する人があったほどです。水泳などの技能は「実地に学ぶ以外にない」というので「実学」とされたのに、科学は「文を読んではじめて学ぶことができる」というので「文学」の中に入れられたのです。じつはそれ以前から、科学は「蘭学」とか「英学」「仏学」「独学」など、読む言葉の種類によって分類されていました。「蘭学」は「オランダ語で学ぶ学問」、「英学」は「英語で学ぶ学問」、「仏学／独学」というのは、「フランス語／ドイツ語で学ぶ学問」のことだったのです。いまでは科学というのは文学ともっとも遠い学問とされることがあることを考えると、おもしろいことです。（独学）には、（自分独りで学ぶ）という意味もあります）

さて、それなら、「本さえ読んでいれば科学もその他のこともすべてわかる」ということと、もちろんそんなことはありません。「科学でも読むことが大切だ」ということと、「科学を学ぶには本を読んでさえいればいい」ということとは違います。江戸時代の「蘭学者＝科学者」たちも、オランダ語で書かれた科学の本を読みながら、「ここに書かれているのはこういうことだろうか」と考えながら、自分でいろいろと試してみないわけにはいきませんでした。そういう考えながら、自分でいろいろと試してみないわけにはいきませんでした。そういうことがよくあったからです。その外国語で書かれていることの内容をよく知らなければ、訳すこともできないことを知って、実験してみたのです。（　エ　）

そういう意味では、やはり「⑤百読は一見（験）に如かず」なのです。

（板倉聖宣「なぜ学ぶのか　科学者からの手紙」による。問題作成の都合上、一部表記を変更している。）

－2－

※1　時刻表…鉄道やバスなどの発着時刻をまとめた本。
※2　幕末…江戸時代の終わりごろ。

問一　次の一文を本文中にもどすとき、（　ア　）〜（　エ　）のどの部分が最もふさわしいですか。記号で答えなさい。

しかし、まわりの雰囲気といったものは、話ではなかなか伝えられないので、自分で行って見てみるよりほかないことが多いのです。

問二　ことわざが適切に使われている文として、最もふさわしいものを次のア〜エの中から一つ選び、記号で答えなさい。

ア　「一事が万事」というように、たった一つの物でも多くの価値があるので、粗末に扱ってはいけない。

イ　「三つ子の魂百まで」というように、隣の家の三つ子は大人になっても相変わらず仲が良い。

ウ　友だちから忠告されて不満かもしれないが、「良薬は口に苦し」というから、聞き入れた方が良い。

エ　彼らが競い合って技術を向上させる様子は、まさに「五十歩百歩」というべきものだった。

問三　波線部①「このことわざを口にする人が多い」ことの理由として、最もふさわしいものを次のア〜エの中から一つ選び、記号で答えなさい。

ア　外国の話を何百回聞いてもわかったつもりになるだけで、本当にその国の文化を知ったことにはならないから。

イ　多くのことを知るには、話を聞くだけでいるよりも、実際に自分で体験した方がよいと知っている人が多いから。

ウ　昔からよく知られていることわざで意味もわかりやすく、会話の中で用いると自分の意図を伝えやすいから。

エ　多くの人が読書の大切さについて実感をもっており、事前に本を読んで調べることを欠かさないから。

問四　波線部②「自分の目で見て、自分でいくら経験・体験しても、なかなかわからないこともあります」について、この「わからないこと」を知る方法として筆者が述べている部分を、本文中から十四字でさがし、最初の五字をぬき出して書きなさい。句点（。）読点（、）も含む。

K教英出版

問五　　③　に入る言葉として最もふさわしいものを次のア～エの中から一つ選び、記号で答えなさい。

ア　他人が決めたこと
イ　隠されていること
ウ　明らかに違うこと
エ　目につかないこと

問六　波線部④「『科学』も『文学』に分類する人があった」について、その理由として最もふさわしいものを次のア～エの中から一つ選び、記号で答えなさい。

ア　科学も文学も、外国語で書かれた本によって発展した学問だから。
イ　本さえ読んでいれば、すべてが理解できる学問だと思われていたから。
ウ　文章を読むことで、仕組みや理屈がわかると考えられていたから。
エ　蘭学や仏学のように、外国から伝来した学問の一つとされていたから。

問七　波線部⑤「百読は一見（験）に如かず」とはどういうことか、本文中の言葉を使って四十字以上五十字以内で説明しなさい。句点（。）読点（、）も含む。

問八　次は、この文章について交わされた【会話】である。【会話】の空らんに入るものとして、最もふさわしいものをあとのア～エの中から一つ選び、記号で答えなさい。

【会話】

千花さん　この文章は、段落の最初に『しかし』や『このように』などの接続語が書かれているから、段落どうしのつながりがわかりやすいね。

良夫さん　そうだね。それに、「」を使って他の人の意見を取り入れて説明しているところも、工夫がみられるよ。

花子さん　　　　　　ところも、特徴的だと思うな。

ア　専門的な言葉をたくさん使って、学術的な説得力を高めている
イ　筆者が自分自身で試してみたことをもとに、詳しく説明している
ウ　対比となる例をあげて、経験することより読書が大切だと主張している
エ　説得力をもたせるために、具体的で身近な例をあげて説明している

2 　千花さんと良夫さんと先生の３人が千葉市を話題にして話をしています。次の３人
　の会話を読んであとの問いに答えなさい。

３人の会話

> 先生：千葉市が政令指定都市に移行して、2022年４月でちょうど30年です。先生が
> 　　　子どものころは、田んぼや畑が多く、ザリガニやトンボを身近に見ることが
> 　　　できました。日本最大級といわれる①加曽利貝塚にも何度も行きました。縄
> 　　　文時代の貝塚は日本全国で約2,400か所あるといわれていますが、そのうち
> 　　　の約120か所が千葉市内に集中しているのですよ。
> 千花：そうなのですね。わたしも加曽利貝塚に行ったことがあります。ほかにも、
> 　　　この間は千葉市中央区にある②大覚寺山古墳に行き、その周りで栽培されて
> 　　　いるねぎを、地産地消を売りにしているお店で買いました。
> 先生：千葉市では、昔から③農業がさかんですからね。
> 良夫：千葉県では、千葉市以外でも有名な農産品を生産していますよね。
> 先生：そうですね。2020年の統計ですが、特産品とされている落花生のほか、ねぎ
> 　　　やかぶの生産量は全国一位ですし、にんじんやきゃべつ、ほうれんそうなど
> 　　　の野菜も全国有数の生産量をほこります。
> 千花：農業で生産するものは、何に影響されるのですか。
> 先生：④気温や降水量がちがうと、その地域で生産される農産品も変わってきます
> 　　　ね。それでは、今日は今後の千葉市の農業について⑤話し合いをしていきま
> 　　　しょう。

　　注１　政令指定都市…地方自治法という法律で「政令（内閣によって制定される
　　　　　命令）で指定する人口50万人以上の市」と規定されている都市。
　　注２　貝塚…食料として食べ終わった後の貝がらや動物の骨などがつもってでき
　　　　　た遺跡。

問1　3人の会話の中の**下線部①**に関して、(1)、(2)の問いに答えなさい。

(1)　良夫さんは、**加曽利貝塚周辺の地図**を見つけました。この地図について良夫さんが説明した文として最もふさわしいものを、あとの**ア〜エ**の中から１つ選び、記号で書きなさい。

加曽利貝塚周辺の地図

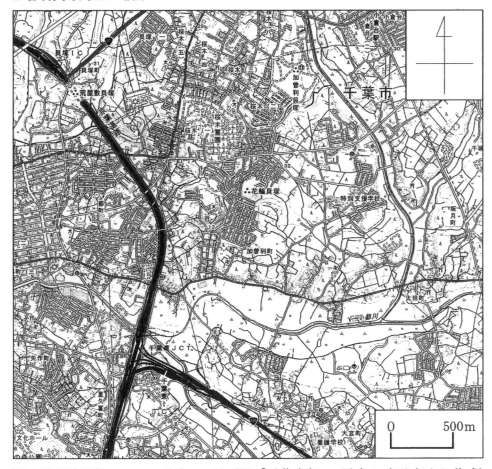

（国土地理院発行　２万５千分の１地形図「千葉東部」　平成31年発行より作成）

ア　地図の中の２地点の間の長さをはかっても、実際の距離（きょり）はわからない。

イ　荒屋敷（あらやしき）貝塚の地下には京葉道路のトンネルが通っている。

ウ　花輪貝塚の北側500mの範囲（はんい）には建物が一つもない。

エ　この地図の範囲では、史跡（しせき）の中で一番西に位置するのは加曽利貝塚である。

主な地図記号			
⛩ 神社	卍 寺院	∴ 史跡	
☆ 工場	⊖ 郵便局	変電所・発電所	
⊕ 保健所	⊗ 警察署	トンネル	
⊥ 墓地	✕ 交番	建物	

－6－

(2)　良夫さんは、**加曽利貝塚周辺の地図**中の３つの貝塚が沿岸部から少し離れた場所にあることに興味を持ち、加曽利貝塚に縄文時代の人が住み始めたとされる約７千年前の前後の海岸線を調べました。**資料１**は約２万年前の海岸線を、**資料２**は縄文時代前期の海岸線を表しています。また、**資料３**と**資料４**は、気温が変化したときの氷河と海面の高さの関係を表しています。良夫さんがまとめた□□□の**文章**の中の（　①　）～（　④　）に入る内容として最もふさわしいものを、それぞれあとの**ア～カ**の中から１つ選び、記号で書きなさい。

資料１

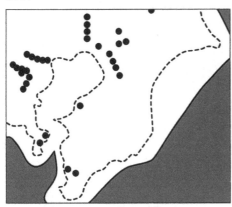

資料２

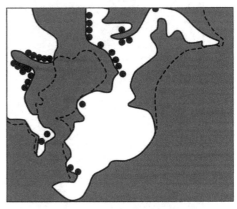

注　**資料１**のころには貝塚はまだできていないが、わかりやすくなるように入れてある。

（関東農政局ホームページより作成）

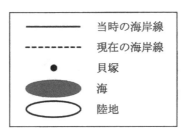

資料3

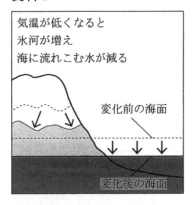

気温が低くなると
氷河が増え
海に流れこむ水が減る

変化前の海面

変化後の海面

資料4

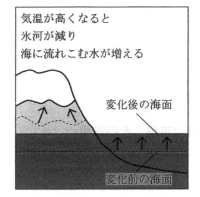

気温が高くなると
氷河が減り
海に流れこむ水が増える

変化後の海面

変化前の海面

文章

資料1、資料2から、約2万年前は現在よりも陸地の面積が（ ① ）い一方で、縄文時代前期には現在よりも陸地の面積が（ ② ）いことがわかりました。本で調べたところ、気温が低くなると資料3のように氷の体積が増えて海面が下がり、気温が高くなると資料4のように氷がとけて海面が上がると書いてありました。気温と海面の高さの関係を資料1、資料2に当てはめると、約2万年前から縄文時代前期にかけて、気温が（ ③ ）くなる一方で、縄文時代前期から現在までにかけて、気温が（ ④ ）くなったことが考えられます。

ア 高　　イ 低　　ウ さらに高
エ さらに低　　オ 広　　カ せま

問2　3人の会話の中の**下線部②**に関して、千花さんは学校の図書館で古墳時代に関する本を借りました。**資料5**は千葉市中央区にある大覚寺山古墳です。千花さんは**資料5**、**資料6**を見て、「古墳時代には大きな力をもった豪族（王）がいたのではないか。」と考えました。そのように考えられる理由を2つ、解答用紙の言葉に続くようにそれぞれ20字以内で書きなさい。

資料5　大覚寺山古墳とその説明

◆大覚寺山古墳

　5世紀前半につくられたと推定されている。全長は約66mで、千葉市内では最大規模の古墳である。形は前方後円墳である。

資料6　古墳を築いている様子（想像図）

問3　3人の会話の中の**下線部③**に関して、良夫さんは、千葉市の農業を館山市、匝瑳市、南房総市（みなみぼうそうし）と比較して調べました。[＿＿＿]は、良夫さんが千葉市の農業についてまとめた**文章**です。**資料7**、**資料8**を見て、**文章**の中にあてはまる（　a　）の市の名前と、（　b　）に入る内容として最もふさわしいものを、あとの**ア〜キ**の中から1つずつ選び、記号で書きなさい。

文章

> 　4市の中で最も野菜の産出額が多いのは千葉市で、最も少ないのは（　a　）市です。また、**資料7**、**資料8**から（　b　）こともわかりました。

（　a　）の選択肢（せんたくし）

ア　館山市　　**イ**　匝瑳市　　**ウ**　南房総市

（　b　）の選択肢

エ　匝瑳市の米の産出額は4市の中で最も多いが、他の3市の米の産出額の合計よりは少ない

オ　千葉市の自給的農家は4市の自給的農家の合計の約3割にあたり、千葉市の販売（はんばい）農家は4市の販売農家の合計の約1割にしかならない

カ　農業産出額の中で、南房総市の乳用牛の産出額は、千葉市と館山市の乳用牛の産出額の合計より12億円以上多くなる

キ　匝瑳市の農業産出額は4市の中で最も多いが、農産物直売所は4市の中で最も少ない

資料7　千葉市、館山市、匝瑳市、南房総市の農業産出額とその割合

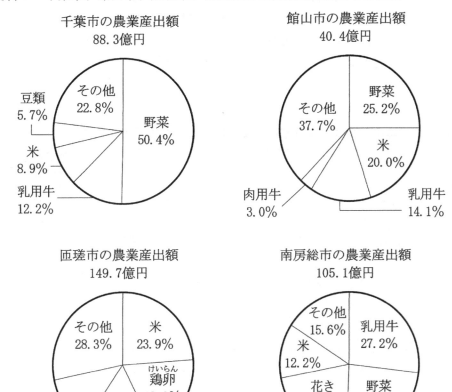

注　花きとは観賞用になるような植物のこと。

（農林水産省ホームページより作成）

資料8　千葉市、館山市、匝瑳市、南房総市の農業の比較

区分	千葉市	館山市	匝瑳市	南房総市
耕地面積（ha）	3,570	1,710	5,160	3,470
販売農家（戸）	862	613	1,052	1,461
自給的農家（戸）	825	514	314	1,131
農産物直売所（施設）	86	9	14	96

（農林水産省ホームページより作成）

問4　3人の会話の中の**下線部④**に関して、千花さんは、**資料9**で示された千葉市と姉妹・友好都市の関係にある４つの都市について興味を持ち、それぞれの都市の写真や雨温図、気づいたことなどを**資料10**にまとめました。**資料10**のA〜Dにあてはまる雨温図として最もふさわしいものを、あとの**ア〜エ**の中から１つ選び、記号で書きなさい。

資料9　千葉市と姉妹・友好都市の関係にある４つの都市の位置

中華人民共和国
天津市
北緯39度

日本国
千葉市
北緯36度

フィリピン共和国
ケソン市
北緯15度

アメリカ合衆国
ヒューストン市
北緯30度

赤道
(緯度０度)

パラグアイ共和国
アスンシオン市
南緯25度

資料10　千花さんのまとめ

千葉市

 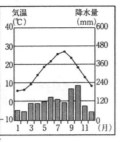

写真は9月に撮られた千葉ポートタワーです。秋には台風や前線の影響で、降水量が多くなります。

アスンシオン市

写真は7月に撮られたアスンシオン市にある政府宮殿です。スペイン風の宮殿の周りには、緑ゆたかな植物が茂っています。この時期は1年の中でも気温が低く、降水量も少なくなりますが、千葉市のようにコートが必要ということは少ないです。

天津市

写真は3月に撮られた天津市北部に位置する黄崖関長城で、世界文化遺産にも指定されています。この時期に入ってやっと気温は0度を超えてきますが、まだコートが必要です。この時期は降水量が少なく、良い天気の日が多いです。

ヒューストン市

C

　写真は10月に撮られたヒュースト
ン市にあるジョンソン宇宙センター
で、ジェット機の上にスペースシャ
トルが載っています。この時期は千
葉市よりも少し気温が高いですが、
降水量は千葉市の半分くらいです。

ケソン市

D

　写真は12月に撮られたケソン市
にあるケソン・メモリアル・サーク
ルです。この建物の近くの木は、冬
でも葉が枯れていませんでした。こ
の時期は千葉市よりも少し降水量が
多いくらいです。また、1年の中で
も気温は低いですが、半そでのシャ
ツで過ごすことができます。

（気象庁ホームページ、理科年表2022などより作成）

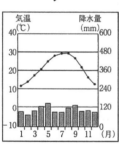

ア

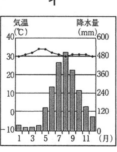

イ

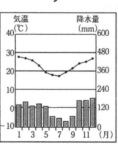

ウ

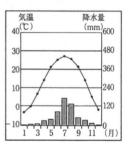

エ

問5　3人の会話の中の**下線部⑤**に関して、良夫さんのクラスでは話し合いの方法を確認しました。話し合いの方法として<u>ふさわしくないもの</u>を、次の**ア〜エ**の中から1つ選び、記号で書きなさい。

ア　同じ立場の人が集まってグループを作り、考えの根拠を調べてまとめ、クラス全体で話し合う。

イ　ちがう立場の人たちに対して、話し合いをする前に気づいたことは質問をして答えてもらった上で、クラス全体で話し合う。

ウ　どのような課題についても必ず正解は1つに限られるので、正解が決まるまで話し合いを続けていく。

エ　話し合った上で、ちがう立場の人の意見をふまえてもう一度考え、自分の意見をまとめる。

令和5年度　適性検査Ⅱ

注意

1　**受検番号と氏名**を解答用紙の決められたらんに記入しなさい。

2　問題は $\boxed{1}$、$\boxed{2}$ までで、全部で 10 ページあります。

　　検査開始後に、印刷のはっきりしないところや、ページがぬけているところが

あれば、手をあげなさい。

3　検査時間は 45 分間です。

4　声を出して読んではいけません。

5　答えはすべて解答用紙に記入し、**解答用紙を提出しなさい。**

6　答えを直すときは、きれいに消してから、新しい答えを書きなさい。

7　**問題用紙と解答用紙は切ったり、折ったりしてはいけません。**

千葉市立稲毛国際中等教育学校

1　花子さん、太郎さん、次郎さんの３人は、校外学習で「検見川の浜」に行くことになりました。次の問いに答えなさい。

問１　３人は、検見川の浜に行く前に、検見川の浜について調べたところ、検見川の浜は人工的に新しく作られていたことがわかりました。また、検見川の浜を建設するときに計画された断面を表した図を見つけました。下の**図１**は、検見川の浜を建設するときに計画された断面を表した図で、斜線部（六角形ＡＢＣＤＥＦ）が人工的に砂で埋め立てられた部分の断面です。図の縦軸のめもりは、もとの海底（辺ＢＣ）からの高さ（ｍ）を表し、横軸のめもりは、護岸の右端（辺ＡＢ）から海への距離（ｍ）を表しています。なお、辺ＢＣと辺ＦＥは平行で、辺ＡＢと辺ＤＣは辺ＢＣと垂直です。また、辺ＡＦと辺ＥＤは平行で、ＡからＦ、ＥからＤへは、海側に辺ＦＥと平行に20ｍ進むと１ｍ下がるかたむきとなっています。あとの(1)、(2)の問いに答えなさい。

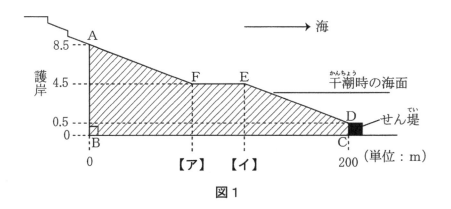

図１

※護岸：地盤をコンクリートやアスファルトなどで固めた部分
※せん堤：波の勢いを弱めたり、砂をたくわえたりするために水面下につくった施設
※干潮：海面の水位が一番低くなっている状態のときのこと

(1)　図１の【　ア　】、【　イ　】にあてはまる数を書きなさい。

(2)　図１の六角形ＡＢＣＤＥＦの面積は何ｍ²かを求めなさい。また、検見川の浜について、浜の断面が**図１**で、この断面の浜が海岸線に沿って1300ｍ続いていたとすると、検見川の浜の建設時に用いた砂の体積は何ｍ³だったのかを求めなさい。

問2　校外学習で検見川の浜に行った3人は、この砂浜の砂1m³の重さを予想するために次のような**実験**を行いました。

実験

〈手順〉

① 　**図2**のように、縦20cm、横22cmの長方形の厚紙を実線部分（———）で切って、四すみから、縦4cm、横6cmの長方形を4つ切り取った。

② 　破線部（--------）を折って**図3**のような容器を作った。なお、**図2**の色をぬった4つの長方形は、縦2cmののりしろを表していて、容器をつくるときに、重なる面にのりでそれぞれはりつけた。

③ 　空の容器の重さをはかった。

④ 　容器いっぱいに砂を入れ、定規で上面をすり切ってから、重さをはかった。

〈結果〉

③ではかった重さは10gだった。

④ではかった重さは778gだった。

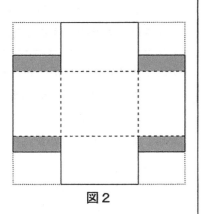

図2

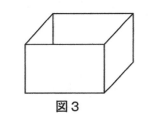

図3

　この砂が1m³あったとすると、砂の重さは何tになるかを求めなさい。ただし、容器を作るのに用いた紙の厚さは考えないものとします。また、砂は容器の中にすき間を作ることなく入れたものとします。

問3　３人は、検見川の浜は場所によって砂の粒の大きさがかなりちがうことに気がつきました。そこで３人は粒の大きさがちがう２か所の砂浜から、それぞれ球に近い砂の粒を集めて、大きさ（砂の粒を球と考えたときの直径）をはかることにしました。３人の会話について、あとの(1)、(2)の問いに答えなさい。ただし、ノギスではかった大きさは、実際の大きさとちがいはなかったものとします。

次郎：集めた砂の粒が小さかった砂浜を「砂浜１」、砂の粒が大きかった砂浜を「砂浜２」として、それぞれの砂浜から集めた砂の粒の大きさを実際にはかって比べてみよう。

太郎：１mmより小さい長さは、このノギス（図４ａ）を使ってはかるよ。

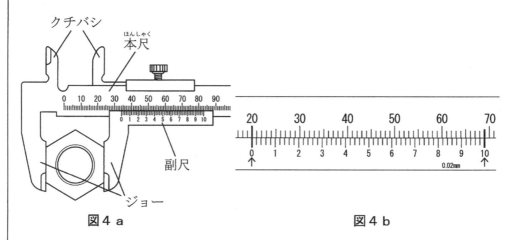

図４ａ　　　　　　　　　　　　　　　図４ｂ

花子：どうやって使うのかしら。

太郎：めもりがついた定規みたいなものが上下に２つあるよね。上にある長い方を本尺といい、本尺のめもりは実際の長さを示していて、一番小さいめもりの幅は１mmになっているよ。

次郎：本尺は普通の定規みたいだね。

太郎：そうだね。下にある短い方を副尺といって、ジョーの間にものを入れてものをはさもうとすると副尺が動くんだ。副尺の一番左の０のめもりが本尺のどこを指しているかで、はさんだものの大きさがわかるよ。例えば図４ｂの場合は、副尺の０が本尺の20を指しているから、はさんだものの大きさは20mmになるよ。

花子：副尺の右下の方に書いてある「0.02mm」は、どういう意味なの？　副尺の１めもりの幅は、0.02mmじゃなくて、１mmくらいだよね。

太郎：実は、副尺の１めもりの実際の幅は「0.02mm」でも「１mm」でもないよ。図４ｂをよく見てみてよ。本尺のめもりを参考にすれば、副尺の０から10までの実際の長さは【　ア　】mmとわかるよ。

次郎：副尺の 0 から 10 まで 50 めもり分あるから、副尺の 1 めもりの実際の幅は【　イ　】mm ってことだね。そうすると、副尺の 1 めもりの幅は、本尺の 1 めもりの幅と【　ウ　】mm ずれているね。

太郎：この幅のずれを利用して、小さい粒の大きさをはかるんだ。例えば**図5**のように、副尺の 2 のめもりが本尺のどこかのめもりと一致したとすると、副尺の 0 のめもりは、そのすぐ左にある本尺のめもりから【　エ　】mm だけ右にずれていることになるよ。

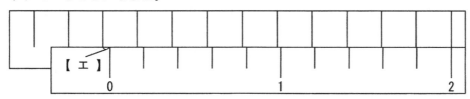

図5

花子・次郎：なるほど。このずれの長さを求めることで、1 mm よりも小さい部分の長さをはかることができるんだね。

(1) 次の①、②の問いに答えなさい。

①　会話文中の【　ア　】～【　エ　】にあてはまる数を書きなさい。

②　図6は、実際にノギスを使って砂の粒の大きさをはかったときのめもりの様子です。本尺のめもりと副尺のめもりは、矢印を付けたところで一致しています。この砂の粒の大きさは何 mm ですか。小数第二位まで求めなさい。

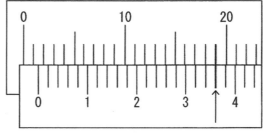

図6

(2) 表1は、砂浜1と砂浜2の2か所について、3人がそれぞれはかった砂の粒の大きさをまとめたものです。

	花子		太郎		次郎	
	砂浜1	砂浜2	砂浜1	砂浜2	砂浜1	砂浜2
砂の粒の大きさ(mm)	0.02	0.82	0.02	1.12	0.02	0.96
	0.02	0.96	0.02	1.28	0.02	1.08
	0.04	1.22	0.02	1.32	0.02	1.28
	0.04	1.24	0.04	1.44	0.04	1.34
			0.04	1.46	0.06	1.36
			0.04	1.48	0.06	1.42
					0.06	1.48
					0.06	1.64
平均(mm)	0.03	1.06	0.03	1.35	0.0425	1.32

表1

3人がはかった、砂浜1と砂浜2にあった砂の粒の大きさの平均はそれぞれ何 mm ですか。なお、割り切れない場合は小数第三位を四捨五入して答えなさい。

2　ある日、千佳さん、良夫さんの2人は千葉ポートパークと千葉大学に行きました。次の問いに答えなさい。

問1　2人は、千葉ポートパークのビーチプラザでアサリやホンビノスガイがとれることを知りました。このときの2人の次の会話について、あとの(1)、(2)の問いに答えなさい。

千佳：アサリは水をきれいにしてくれることで有名だよね。

良夫：それを実験で確かめるとしたら、どのような実験をすればよいかな。

千佳：海水とアサリを入れた水そうに牛乳を入れて、牛乳のにごりがなくなるかどうかを確認すればいいと思うよ。実験方法は、同じ水そうを2つ用意して、（　　　　）だけを大きく変えて、同じ場所、水温は同じ20℃で観察すれば、アサリが水をきれいにしたかどうかわかるね。

良夫：ところで、ホンビノスガイはどんな貝なのかな？

千佳：元々は日本にいなかった貝で、タンカーなどの船にまぎれて海外から日本にもちこまれてしまったらしいよ。ホンビノスガイのように、元々住んでいた場所から人によって他の場所に放された生き物を外来生物と言ったよね。

良夫：わざとか偶然かは関係なく、人間が生き物を元々住んでいた場所から移動させて他の場所に放してしまったら、生物同士の関係に悪い影響をあたえる可能性があるから、生物を他の場所に移動して放してしまわないように気を付けないとね。

---

(1)　会話文中の（　　　　）にあてはまる実験の条件として最もふさわしいものを、次の**ア**〜**ウ**から1つ選び、記号で書きなさい。

ア　海水の量　　　**イ**　アサリの数　　　**ウ**　牛乳の量

(2) 外来生物を放す行為と考えられるものを、次の**ア～カ**からすべて選び、記号で書きなさい。

ア 千葉県にある川ではアユが放流されている。滋賀県の琵琶湖で生まれたアユの稚魚を放流することがあるが、稚魚のなかに西日本にしかいないツチフキなどの魚がふくまれていることがある。

イ 家の近くでスズメのひなが巣から落ちてけがをしていた。千葉県の担当部署に連絡して指示を受けた上で、治療してエサをやると、やがて飛べるようになったので、保護した場所でにがした。

ウ ヒレンジャクという鳥がヤドリギの実を食べ、移動した先で、種子がふくまれたふんをしたことで、ヤドリギが発芽することがある。

エ 家の近くの川で採集したゲンジボタルに卵を産ませ、ふ化した幼虫を庭の池で飼っている。幼虫はエサとしてカワニナという貝をたくさん食べるので、家の近くだけでなく他の地域からもカワニナを集めて池に入れている。池の水は、水路を通り近くの川から引きこんで、川にもどしている。

オ 沖縄県で育つヤシからできた種子が海流で沖縄県以外に流れ着き、そこで発芽して根付くことがある。

カ 千葉県では絶めつしたツマグロキチョウは、となりの茨城県にはまだ生き残っている。千葉県には、幼虫のエサとなるカワラケツメイはまだ残っているので、これに茨城県で見つけたツマグロキチョウの卵をくっつけて自然にまかせて様子を見ている。

問2　2人は、千葉ポートパークの中を歩いていると、パーク内にある千葉ポートタワーが長い影を作っているのを見つけました。図1は、千葉ポートタワー周辺の地図に、この日のある時刻に千葉ポートタワーによってできた影と千佳さんがいた場所を表したものです。これについて、あとの(1)、(2)の問いに答えなさい。

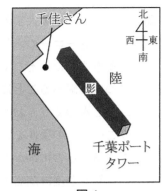

図1

　　ただし、千佳さんの周辺には、影をさえぎるような高い建物はないものとします。また、千葉ポートタワーは高さが 130 m、底面がひし形の四角柱とします。

(1)　この時刻に千佳さんがいた場所から、千葉ポートタワーの方向を見たときの、千葉ポートタワーと太陽の見え方を表したものとして最もふさわしいものを、次の**ア〜エ**から1つ選び、記号で書きなさい。

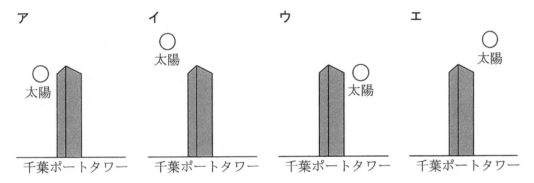

(2)　このときの時刻として最もふさわしいものを、次の**ア〜ウ**から1つ選び、記号で書きなさい。

　　ア　9時ごろ　　　**イ**　12時ごろ　　　**ウ**　15時ごろ

問3　2人は、千葉大学の千葉サイエンスプロムナ
　　ードでフーコーのふりこという大きなふりこを
　　見てきました。そこで、別の日に学校でふりこ
　　について調べることにしました。図3のような
　　ふりこをつくり、おもりの重さ、ふれはば、ふ
　　りこの長さの条件をいろいろ変えて、ふりこの
　　1往復するのにかかる時間をはかりました。ま
　　た、簡易速度計測器を使って、おもりが最下点
　　を通過するときの速さをはかりました。表1は、
　　実験の結果をまとめたものです。これについて、
　　あとの(1)、(2)の問いに答えなさい。

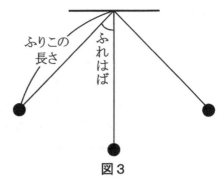

ふりこの長さ　ふれはば

図3

条件	A	B	C	D	E	F	G	H	I	J	K	L
おもりの重さ (kg)	0.5	0.5	0.5	0.5	0.5	0.5	1.0	1.0	1.0	1.0	1.0	1.0
ふれはば (°)	30	30	30	60	60	60	30	30	30	60	60	60
ふりこの長さ (m)	0.25	1.00	2.25	0.25	1.00	2.25	0.25	1.00	2.25	0.25	1.00	2.25
1往復する時間 (秒)	1.0	2.0	3.0	1.0	2.0	3.0	1.0	2.0	3.0	1.0	2.0	3.0
最下点での速さ (秒速　m)	0.8	1.6	2.4	1.6	3.1	4.7	0.8	1.6	2.4	1.6	3.1	4.7

表1

(1)　おもりの重さ、ふれはば、ふりこの長さと、ふりこの1往復する時間、最下点で
　　の速さとのそれぞれの関係について、正しく述べられているものを、次のア～カか
　　らすべて選び、記号で書きなさい。

　　ア　おもりの重さが大きくなると、1往復する時間も大きくなる。
　　イ　ふれはばが大きくなると、1往復する時間も大きくなる。
　　ウ　ふりこの長さが大きくなると、1往復する時間も大きくなる。
　　エ　おもりの重さが大きくなると、最下点での速さも大きくなる。
　　オ　ふれはばが大きくなると、最下点での速さも大きくなる。
　　カ　ふりこの長さが大きくなると、最下点での速さも大きくなる。

(2) 良夫さんは、ふりこの長さとふりこの1往復する時間の関係が、正方形の1辺の長さと面積の関係に似ていることに気がつきました。ふりこの長さを x（m）、ふりこの1往復する時間を y（秒）としたときの2つの関係について、次の①、②の問いに答えなさい。

① 2つの関係と同じ関係を表している図を、次の**ア～カ**から1つ選び、記号で書きなさい。なお、図はいずれも1つの正方形、または、2つの正方形をあわせたものです。また、図形の辺に書かれた文字は辺の長さを、図形の中に書かれた文字は図形の面積を表しています。

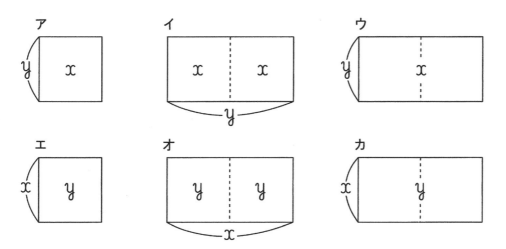

② 千佳さんは、千葉大学のサイエンスプロムナードのフーコーのふりこの長さを知るために、フーコーのふりこが10往復するのにかかる時間を3回はかっていました。3回の平均からフーコーのふりこが10往復する時間を求めたところ110秒でした。このとき、フーコーのふりこの長さが何mになるかを、四捨五入して整数で求めなさい。

令和5年度　適性検査III

千葉市立稲毛国際中等教育学校

1　放送による外国語の問題

☆問題は、**問1**から**問5**までの5問あります。

☆英語はすべて2回ずつ読まれます。問題用紙にメモを取ってもかまいません。

　答えはすべて解答用紙に記入しなさい。

問1　次の1.から3.について、放送された内容として最もふさわしいものをそれぞれ**ア**〜**エ**の中から1つ選び、記号で答えなさい。

1.　ア　bat　　　　イ　cat　　　　ウ　map　　　　エ　cap

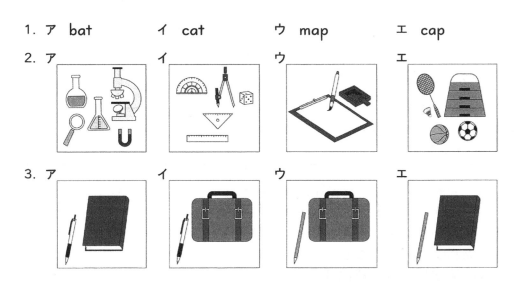

問2　John（ジョン）さんと Mari（まり）さんが話をしています。2人の話を聞いて、Mari さんが好きなスポーツの絵を次の**ア**〜**エ**の中から1つ選び、記号で答えなさい。

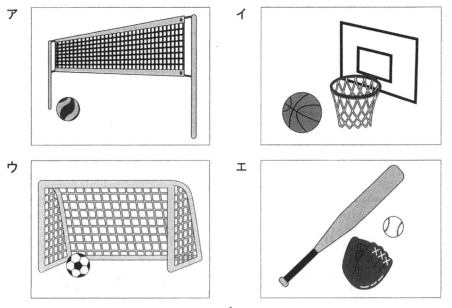

問3　Janet（ジャネット）さんと Haruki（はるき）さんが話をしています。2人の話を聞いて、内容に合う絵を次の**ア〜エ**の中から1つ選び、記号で答えなさい。

問4　Koji（こうじ）さんと店員の女性が話をしています。2人の話を聞いて、Koji さんが買うものの絵を次の**ア〜エ**の中から1つ選び、記号で答えなさい。

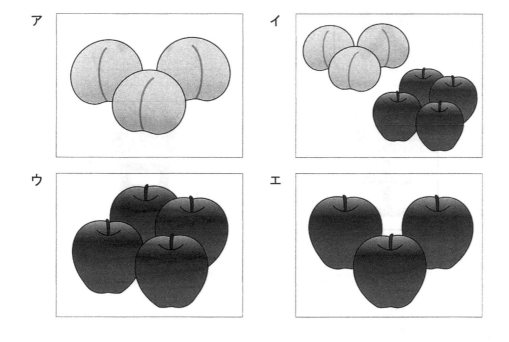

問5　Bob（ボブ）さんと Maki（まき）さんが買い物をしながら誕生日について話をしています。次の 1. と 2. について、2人の話の内容に合う絵をそれぞれア〜エの中から1つ選び、記号で答えなさい。

1. Bob さんが Maki さんにあげるプレゼントはどれですか。

ア
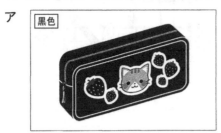

イ
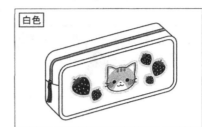

ウ

エ

2. 誕生日パーティーが行われる曜日はどれですか。

ア

イ

ウ

エ

これで放送による外国語の問題を終わります。

2 次の【文章】と、この【文章】を読んで交わされた【会話文】を読んで、あとの問いに答えなさい。

【文章】

> 川原大貴は、都道府県対抗の全国男子駅伝に、福岡県の代表として高校生として出場している。二位争いをしていた大貴の目が、遠くを走る大阪代表の選手と一位の選手の姿をとらえた。

大貴は※1ギアを入れ替えようとしたが、それはすぐ前を走る大阪の選手も同じだったらしい。たちまち少し距離ができた。大阪の選手もまた、一位の姿が見えたことで力が湧いたのだろう。

ここで遅れたらだめだ。

大貴はとっさに判断する。いったん置いていかれると、追いつくのは大変だ。置き去りにされても、ついていっても苦しいのだ。苦しいのは同じなら、ついていかなければ。

大貴はみぞおちを引きしめて、大阪の背中にのびったりとついた。相手も大貴の意図を心得ていて、すっと離れた。背後につかれるのは、わずらわしいものだ。しかも、風が少し強くなっている。風よけに使われるのも、気分が悪いものだろう。

けれども大貴は離されないように、さらにつめた。風の当たりが弱くなったおかげで、だいぶ走りやすい。このまま、ちょっと休むことができそうだ。

走っているのに休んでいる、という表現はおかしいが、余計なことを考えなくてもいい状態を、休むと表現する。長距離のレースは、体だけではなく精神的にも負荷がかかる。自分のリズムを意識するだけでなく、相手の表情から余力を読み取ったり、風の抵抗に耐えたりしなければならない。ランナーはただ走るだけでなく、頭の中で多くの情報を処理し、対応しているのだ。それが、精神的な負担となって、体を※2消耗させる。

うまく相手の後ろにつければ、相手のペースに合わせていけばいいし、風の抵抗からも免れられる。余計なことを考えずに、走ることだけに集中できる。

そして休んでいる間に蓄えた力を使い、頃合いを見計らって、スパートをかける。これが、レースの駆け引きというものだ。

相手の脚が、リズミカルに跳ね上がっている。まだ、力は充分ありそうだ。それに合わせて、大貴もアスファルトを蹴る。うまくペースが作れているようだ。ほぼ機械的に脚が出る。

大貴の神経が脚だけに集中してきたときだった。大阪の選手が、少しスピードを落とした。そして、あっと思った瞬間、大貴の後ろについた。

自分がねらっていたことは、相手もまたねらっていたらしい。たちまち風が顔を打ち、走りのリズムもくずれて、大貴は一瞬うろたえた。

すぐに後ろから、相手の呼吸が伝わってきた。明らかに自分の呼吸とは違って、それがリズムを狂わせる。せめて、横に並ぼうと体を右側にずらすが、相手はぴったりついてくる。なんとかふりきりたい大貴は、今度は左に進路を取るが、意地になっているのか、相手もしっかりとついてきた。

大貴は、大阪の選手としばらく小さな勝負をくりかえしていた。

信じられないことが起こったのは、次の瞬間だった。

わっ。

大貴は目をむいた。一人の選手が脇からぬっと飛び出してきたのだ。

22番。愛知の選手だ。さらに埼玉も前に出た。二人とも大貴と大阪の選手をまとめて抜いた格好になった。福岡と大阪は、競り合っているうちに、だいぶ抜かれ、ペースが落ちていたらしい。そこにつけこまれたのだ。後ろから、ちゃんと観察していた敵は、※3虎視眈眈とねらっていたのだろう。

やられた。

大貴はあせった。大阪の選手の顔色も変わった。が、同時に意外な声がした。

「落ちたらあかん」

相手がとっさに声をかけてきたのだ。

「おう」

大貴も応え、二人は一緒に前を追う。一瞬面食らったが、かけられた声は※4起爆剤のように効いた。みぞおちから、えも言われぬ力が満ちるのを大貴は感じた。それは不思議な心強さだった。

（まはら 三桃「白をつなぐ」による。）

※1 ギア…「歯車」のこと。「ギアを入れ替える」は「スピードを出すこと」のたとえとなっている。

※2 消耗…体力や気力を使いへらすこと。

※3 虎視眈眈と…じっと機会をねらう様子。

※4 起爆剤…何かを引き起こすきっかけとなるもののたとえ。

【会話文】

良夫さん　このあいだ、駅伝の大会の様子を扱った小説を読んだよ。その中で、はじめて知ったことがあったんだ。

千花さん　駅伝の話？

良夫さん　うん。駅伝のランナーたちは試合中、さまざまな「駆け引き」をしているって知ってた？

千花さん　走っている最中なのに、そんなことをしているんだね。

良夫さん　そうなんだ。小説の中に「駆け引き」って言葉が出てくるんだけど、相手に合わせて「作戦」を立てているんだよ。

千花さん　なるほど、作戦ね。作戦ってレースの前に立てるものだと思っていたよ。自分が走る計画だけじゃなくて、作戦も立てているんだね。

問一　【文章】の波線部「相手もまたねらっていた」について、お互いに何を「ねらって」いたのですか。解答らんに示した字数に合うように、本文中からふさわしい言葉をぬき出して書きなさい。句点（。）読点（、）も含む。

　① 五字 につくことで、自分が ② 四字 のみに集中して休んでいる間に ③ 四字 を受けず体力を蓄えて、ここだという時に、 ④ 八字 こと。

問二　【会話文】中の波線部「計画だけじゃなくて、作戦も立てている」とありますが、あなたが今までに「計画」や「作戦」を立てて取り組んだこと、または今後成し遂げたいことについて、あなたの経験や考えを交えて具体的に書きなさい。ただし、次の【書くことのきまり】にしたがって書くこととする。

【書くことのきまり】
1　九行以上十行以内で書くこと。
2　二段落構成とし、一段落目にはあなたが「計画」や「作戦」を立てて取り組んだこと、または今後成し遂げたいことを書き、二段落目にはそのための「計画」や「作戦」を具体的に書くこと。

3 句点や読点もすべて一字として数えること。ただし、句点や読点が行のはじめ（一マス目）に来る場合には、前の行の最後のマスに文字と一緒に入れること。

4 文字やかなづかいを正しく書き、漢字を適切に使うこと。

2023(R5) 稲毛国際中等教育学校
教英出版

適性検査Ⅲ　[1]　放送文（参考）

★教英出版注
音声は，解答集の書籍ID番号を
教英出版ウェブサイトで入力して
聴くことができます。

問1

1.　cap
2.　calligraphy
3.　I want a pencil and a bag.

問2

(A): I like sports.
(B): What sports do you like, John?
(A): I like basketball and soccer. Do you like basketball, Mari?
(B): No, I don't. I like volleyball.

問3

(A): Do you go to Inage park, Janet?
(B): Yes, I do. I always walk with my dog.
(A): Nice.
(B): Do you go to Inage park, Haruki?
(A): Yes. I always go with my friend.

問八

問七

50	40			

【解答

千葉市立稲毛国際中等教育学校

令和5年度　適性検査Ⅰ　解答用紙

受検番号		氏名		点

2

問1　(1)

(2)

①		②		③		④	

大きな古墳をつくるためには、

問2

千葉市立稲毛国際中等教育学校

令和5年度　適性検査Ⅱ　解答用紙

受検番号		氏名		点

※70点満点
（配点非公表）

1

問1　(1)

ア	

イ	

(2)

面積	m²		体積	m³

千葉市立稲毛国際中等教育学校

令和5年度　適性検査Ⅱ　解答用紙

受検番号		氏名		
				点

2

問1　(1)

問2　(1)

千葉市立稲毛国際中等教育学校

令和5年度　適性検査III　解答用紙

受検 番号		氏名		点

※70点満点
（配点非公表）

1

問1

1.	
2.	
3.	

問2

千葉市立稲毛国際中等教育学校

令和5年度　適性検査Ⅲ　解答用紙

受検番号		氏名		点

2

問一

① □□□□□

② □□□□

③ □□□□

④ □□□□□□□□

問二

□□□□□□□□□□□□□□□□□□□□

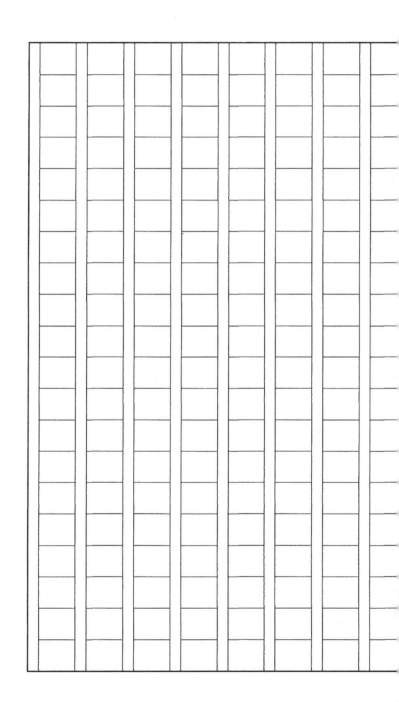

問3

問4

問5

1.	
2.	

問3　(1)

(2)①

②　　　　　　　　　　　　　　m

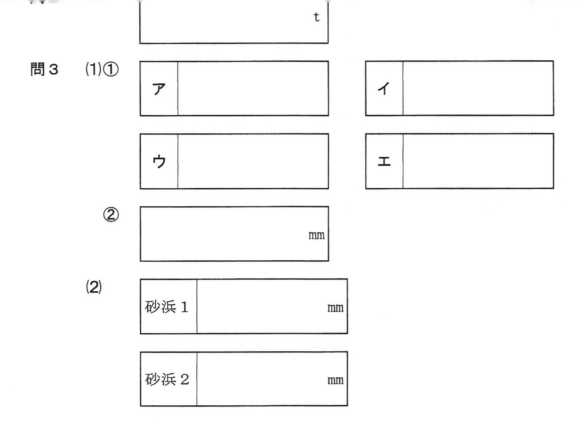

t

問3　(1)①

ア	

イ	

ウ	

エ	

②

	mm

(2)

砂浜1	mm

砂浜2	mm

大きな古墳をつくるためには、

2つ目

				20

問3　a

問3　b

問4

A		B		C		D	

問5

千葉市立稲毛国際中等教育学校

令和5年度　適性検査Ⅰ　解答用紙

受検番号		氏名		点

1

問一

問二

問三

問四

(B): We don't have peaches now, but we have apples.
(A): OK. How many?
(B): We have four apples.
(A): OK. I want three.

問5

(A)： Happy birthday, Maki! What do you want for your birthday?
(B)： Thank you, Bob. I want a pencil case.
(A)： What color?
(B)： I like white. I want a white pencil case for my birthday.
(A)： OK. Do you like strawberries?
(B)： Yes.
(A)： Do you like cats?
(B)： No. I like rabbits.
(A)： OK. I want this for your birthday. Do you like it?
(B)： Yes. Thank you.
(A)： Let's have a birthday party. How about Tuesday?
(B)： Sorry. I have piano lessons on Tuesdays and Saturdays.
(A)： How about Thursday?
(B)： Nice.

令和4年度　適性検査Ⅰ

―――― 注意 ――――

1　**受検番号と氏名**を解答用紙の決められたらんに記入しなさい。

2　問題は 1 、 2 までで、全部で 15 ページあります。

　検査開始後に、印刷のはっきりしないところや、ページがぬけているところが

あれば、手をあげなさい。

3　検査時間は 45 分間です。

4　声を出して読んではいけません。

5　答えはすべて解答用紙に記入し、**解答用紙を提出しなさい。**

6　答えを直すときは、きれいに消してから、新しい答えを書きなさい。

7　**問題用紙と解答用紙は切ったり、折ったりしてはいけません。**

千葉市立稲毛国際中等教育学校

次の文章を読んで、あとの問いに答えなさい。

　読書をしていないといっても、文字を読んでいないわけではありません。むしろ、大量に読んでいる。その多くはインターネットだったり、※1SNSだったりするわけです。

　「本を読まなくても、ネットでいいじゃん」と言う人はいるかもしれません。「すべてネットの中にあるではないか」と言われれば、まあ、その通りです。毎日※2膨大な量の情報が追加されているネット上には、最近のニュースだけでなく（　①　）のあらゆる物語や解説や反応が含まれています。ネットの「※3青空文庫」では、著作権の切れた作品を無料で読むこともできます。ですから、②わざわざ本を読まなくてもネットでいいじゃないかという意見も見当違いなものではありません。

　しかし、ネットで読むことと読書には重大な違いがあります。それは「向かい方」です。

　ネットで何か読もうというときは、そこにある※4コンテンツにじっくり向き合うというより、パパッと短時間で次々にいこうとします。より面白そうなもの、※5アイキャッチ的なものへ視線が流れますね。ネット上には大量の情報とともに気になるキャッチコピーや画像があふれています。それで、ますます一つのコンテンツに向き合う時間は短くなってしまう。

　最近は音楽も※6ネットを介して聴くことが多くなっていますが、③ネットでの「向かい方」ではイントロを聴いていることができません。我慢できなくて次の曲を探しはじめてしまいます。そこで、いきなり※7サビから入るような曲のつくり方をしているという話を、あるアーティストの方から聞きました。

　現代人の集中力が低下していることを示す研究もあります。2015年に※8マイクロソフトが発表したところによると、現代人のアテンション・スパン（一つのことに集中できる時間）はたった8秒。2000年には12秒だったものが4秒も縮み、いまや金魚の9秒よりも短いと言います。

　これは間違いなくインターネットの影響でしょう。とくにスマホが普及して、スマートフォンで常にいろいろな情報にアクセスしたり、SNSで常に短いやりとりをしたりするようになったことで、ある意味で「適応」した結果です。このようにネット上の情報を読むのと、読書とは行為として全然違います。

　ネットで文章を読むとき、私たちは「　④　」ではありません。「　⑤　」なのです。こちらが主導権を握っていて、より面白いものを選ぶ。「これはない」「つまらない」とどんどん切り捨て、「こっちは面白かった」と消費していく感じです。

　消費しているだけでは、積み重ねができにくい。※9せわしく情報にアクセスしているわりに、どこかフワフワとして何も身についていない。そのときは

「くえ」と思ったけれど、すぐに忘れてしまいます。浅い情報は常にいくつか持っているかもしれませんが、「人生が深くなる」ことはありません。

これは情報の内容やツールの問題というより、「構え」の問題です。

著者をⒾ※10リスペクトして「さあこの本を読もう」というときは、じっくり腰を据えて話を聞くような構えになります。⑥著者と二人きりで、※11四畳半の部屋に逃げこむ。延々と話を聞くようなものです。ちょっと退屈な場面があっても簡単に逃げるわけにはいきません。辛抱強く話を聞き続けます。

相手が天才的な作家だと、「早く続きが聞きたい」と言って寝る間も惜しんで読書をすることもあるでしょう。しかし※12ドストエフスキーと二人きりになって三ヶ月も話を聞かされ続けたりしたら、大概の人は逃げ出したくなります（やってみると最高なのですが）。実際、みんな逃げ出しつつあるわけです。

なぜ逃げ出さずに最後まで話を聞くどうなるか。それは「体験」としてしっかりと刻み込まれます。読書は「体験」なのです。実際、読書で登場人物に感情移入しているときの脳は、体験しているときの脳と近い動きをしているという話もあります。

体験は人格形成に影響します。あなたもきっと「いまの自分をつくっている」のは、こういう体験だと思うような体験があるでしょう。辛く悲しい体験も、それがあったからこそ人の気持ちがわかるようになったり、それを乗り越えたことで強さや自信になったりします。大きな病気になったり、命の尊さを感じる出来事があれば、いまこの瞬間を大事に思えるようになるなど、人格に変化をもたらします。

自分一人の体験には限界がありますが、読書で※13疑似体験をすることもできます。

読書によって⑦人生観、人間観を深め、想像力を豊かにし、人格を大きくしていくことができるのです。

┌─────────────────────────┐
│   │
│   ⑧   │
│   │
└─────────────────────────┘

実際の体験を何十倍にも生かすことができるようになるのです。

（『読書する人だけがたどり着ける場所』齋藤孝著より　一部改編）

※1　ＳＮＳ…ソーシャル・ネットワーキング・サービスの略。インターネットを通して人々と社会的なつながりをつくることのできるサービス。

※2　膨大な…非常に多くの。

※3　「青空文庫」…著作権のある文章は、法律によって勝手に公開することが

禁じられている。このホームページでは作者の死後、一定期間が経過して著作権が消滅した文章を公開し、多くの人が利用できるようにしている。

※4 コンテンツ…内容。
※5 アイキャッチ的な…目を引くような。
※6 ネットを介して…インターネットを通して。
※7 サビ…楽曲の中で一番代表的な盛り上がる部分。
※8 マイクロソフト…アメリカの世界最大手のコンピューターソフトウェア会社。
※9 せわしく…いそがしく。
※10 リスペクト…尊敬。敬うこと。
※11 四畳半…畳四枚半を敷いた部屋。
※12 ドストエフスキー…一八〇〇年代のロシアの作家。
※13 疑似…本物ではないがよく似ていること。

問一 （①）に入る「むかしから現在まで、あらゆる場所で」という意味を表す四字熟語を、□の中から漢字を選んで書きなさい。

先	西	国	大	海	夕	古	日	昔	北	来	過
南	月	今	後	東	朝	晩	小				

問二 波線部②「わざわざ本を読まなくてもネットでいいじゃないかという意見も見当違いなものではありません」について、その理由を十字以上二十字以内で書きなさい。句点（。）読点（、）も含む。

問三 波線部③「ネットでの『向かい方』ではイントロを聴いていることができません」について、その理由として最もふさわしいものを次のア〜エの中から一つ選び、記号で答えなさい。

ア いきなりサビから入るような曲の作り方をしているアーティストがふえたから。
イ ネット上にある気になるキャッチコピーや画像に視線が流れるから。
ウ スマホの普及により現代人の集中力が低下しているから。
エ スマホの普及によりいそがしくなった現代人は、多くの曲を短時間で聞く必要があるから。

問四 「④」「⑤」に入る言葉の組み合わせとして最もふさわしいもの を次のア〜エの中から一つ選び、記号で答えなさい。

ア ④ 傍観者　　⑤ 体験者　　※傍観…ただそばで見ていること。
イ ④ 体験者　　⑤ 傍観者
ウ ④ 消費者　　⑤ 読者
エ ④ 読者　　　⑤ 消費者

問五 波線部⑥「著者と二人きりで四畳半の部屋にこもり、延々と話を聞くよ うなものです」とは、どのような状態をたとえていますか。二十字以上 三十字以内で説明しなさい。句点（。）読点（、）も含む。

問六 波線部⑦「人生観、人間観を深め、想像力を豊かにし、人格を大きくし ていくことができるのです」について、このことを具体的に説明している 段落をさがし、最初と最後の五字をぬき出して書きなさい。句点（。）読 点（、）も含む。

問七 空らん⑧に入るア〜エの文章を、筆者が本文で述べようとしていること の順に並べ替え、記号で答えなさい。

ア 本を読むことで、「これこれを体験してみたい」というモチベーション になることはありますし、それ以上に、言葉にできなかった自分の体験 の意味に気づくことができます。

イ 実際に体験することが大事なのはその通りです。

ウ 読書よりも実際の体験が大事だと言う人もいます。

エ でも、私は読書と体験は矛盾しないと考えています。

2 　千花さんと良夫さんが千葉市についての学習発表会の準備のため、資料を集めて先生と話をしています。次の**3人の会話**を読んであとの問いに答えなさい。

3人の会話

千花：千葉市は、令和3年1月に千葉市が誕生してからちょうど100周年を迎えたのですね。資料を集める中でわかりました。

先生：そうですね。千葉県についても、①廃藩置県によって明治6年6月に千葉県が誕生して、令和3年で148年が経ちました。千葉市について調べている中で、興味をもったことはありますか。

良夫：令和3年に、②千葉市長選挙と千葉県知事選挙の同日選挙が行われたことです。

先生：そうですね。昭和25年に公職選挙法（注1）が施行（注2）されてから、千葉市長選挙と千葉県知事選挙が同じ日に実施されたのはこれが初めてでした。選挙は市民にとって、よりよい生活や社会にかかわってくるとても大切なものですので、選挙権をもったらぜひ参加してもらいたいですね。他にはどのようなものがありますか。

千花：海岸を埋め立てられてつくられた国内有数の貿易港である③千葉港は、千葉の発展のために大きな役割をはたしていることがわかりました。

先生：そうですね。この千葉港は京葉工業地域を代表する貿易港の1つとして、たくさんの国と貿易しています。一方で、この千葉港はごみの処分地としても使用されてきたことを知っておきましょう。

良夫：埋め立てができたくらいですから、それだけ多くのごみが出たということですよね。環境のことも考えて、④ごみを減らしていく取り組みをしていきたいですね。

注1　公職選挙法…選挙の方法や議員の数などを定めた法律。
注2　施行…行うこと。

問1　3人の会話の中の下線部①に関係して資料1は、ほぼ現在の千葉県が確定するまでの流れを示したものである。この資料1をもとに、資料2のA～Hの中で、千葉県が設置されてからの千葉県の範囲を示したものとして適切なものをすべて選び、記号で書きなさい。

資料1　廃藩置県からほぼ現在の千葉県が確定するまでの流れ

① 明治の初めには、房総（現在のほぼ千葉県にあたる地域）には26藩があった。

② 房総では1871年（明治4年）7月、廃藩置県が実施された。房総にあった26の藩のうち、廃止となった請西藩と常陸国（現在の茨城県）へ移転した大網藩を除いて新たに24の県になった。これに、1869年（明治2年）に旧江戸幕府領や旧旗本（注1）領に設置された葛飾県と宮谷県を加え、房総の県は全部で26県となった。

③ 1871年（明治4年）11月、県の統廃合により、房総にあった26県は印旛県・新治県・木更津県の3県になった。このうち、印旛県は下総国の北西部を、新治県は下総国の東部と常陸国の南部を、木更津県は上総国と安房国を管轄（注2）した。

④ 1873年（明治6年）6月、印旛県と木更津県が合体し、千葉県が設置された。

⑤ 1875年（明治8年）5月には新治県が廃止され、利根川を新たな県の境界として、千葉県と茨城県の間で一部の地域の入れかえが行われた。これまで新治県に管轄されていた香取・匝瑳・海上の3郡が千葉県に編入（注3）された一方で、千葉県が管轄していた6郡（猿島、結城、岡田、豊田の4郡及び葛飾郡、相馬郡の一部）が茨城県に編入された。また、同年8月には葛飾郡の一部が埼玉県に編入された。

（千葉県ホームページより作成）

注1　旗本…将軍の家来。　　　　注2　管轄…権限のおよぶ範囲。
注3　編入…途中から組み入れること。

資料2　廃藩置県から千葉県が確定するまでの移り変わり

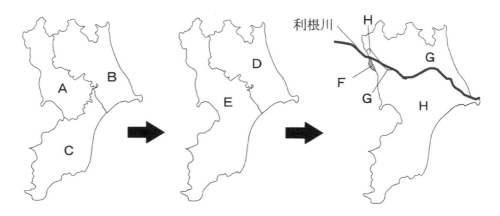

1871年（明治4年）11月　　1873年（明治6年）6月　　1875年（明治8年）8月

（2019年県民の日「ちばワクワクフェスタ2019」のパンフレットより作成）

問2　3人の会話の中の**下線部②**に関する**資料3**、**資料4**を見て、**あてはまらない文**を次のア～エの中から1つ選び、記号で書きなさい。

　ア　昭和25年から令和3年までの19回の選挙において、各投票日ごとの当日有権者（注1）数は、男性、女性、合計のいずれも増加し続けている。

　イ　昭和25年の合計の投票率（注2）は、昭和60年までに実施された10回の千葉市長選挙の中で上から3番目に高い。

　ウ　昭和25年と昭和52年と令和3年の3回の選挙において、それぞれの女性の投票数を比べたとき、女性の投票数が一番多かったのは、令和3年である。

　エ　昭和52年と昭和56年を比べたとき、選挙当日の千葉市の当日有権者数は昭和56年の方が約4万人多いが、当日の合計の投票数は昭和52年の方が約6万人多い。

　注1　選挙権をもっている者。

　注2　有権者の合計に対する投票者（投票した人）の割合。

資料3　千葉市長選挙の当日有権者数の推移

	投票日	当日有権者数（人）		
		男性	女性	合計
①	昭和25年5月20日	33,311	34,465	67,776
②	昭和29年5月18日	38,047	41,011	79,058
③	昭和33年4月20日	56,716	58,930	115,646
④	昭和37年4月22日	72,021	72,549	144,480
⑤	昭和41年4月24日	103,758	102,356	206,114
⑥	昭和45年5月17日	154,591	150,375	304,966
⑦	昭和49年4月21日	190,803	188,770	379,573
⑧	昭和52年7月10日	219,322	218,538	437,860
⑨	昭和56年6月14日	239,338	240,131	479,469
⑩	昭和60年6月16日	258,338	259,641	517,979
⑪	平成元年6月18日	282,946	283,645	566,591
⑫	平成5年6月20日	309,234	307,188	616,422
⑬	平成9年6月15日	328,180	326,217	654,397
⑭	平成13年6月17日	345,879	344,362	690,241
⑮	平成17年6月19日	358,238	359,343	717,581
⑯	平成21年6月14日	368,809	373,104	741,913
⑰	平成25年5月26日	374,256	380,243	754,499
⑱	平成29年5月28日	387,900	394,869	782,769
⑲	令和3年3月21日	395,703	403,647	799,350

（千葉市ホームページより作成）

令和4年度　適性検査Ⅱ

注意

1　**受検番号と氏名**を解答用紙の決められたらんに記入しなさい。

2　問題は 1 、 2 までで、全部で7ページあります。

　検査開始後に、印刷のはっきりしないところや、ページがぬけているところが

あれば、手をあげなさい。

3　検査時間は 45 分間です。

4　声を出して読んではいけません。

5　答えはすべて解答用紙に記入し、**解答用紙を提出しなさい。**

6　答えを直すときは、きれいに消してから、新しい答えを書きなさい。

7　**問題用紙と解答用紙は切ったり、折ったりしてはいけません。**

　　　　千葉市立稲毛国際中等教育学校

1　太郎さん、花子さん、次郎さんの３人は同じ小学校の６年生です。３人はあるキャンプ場に向かいました。次の問いに答えなさい。

問1　３人は、クラスの人たちと合流するために千葉都市モノレールに乗り合わせて千城台駅に向かいました。太郎さんは千葉駅から、花子さんは作草部駅から、次郎さんは穴川駅から乗りました。表1は３人が乗った列車の各駅での発車時刻と千葉駅からの距離を示したものです。表2は千葉都市モノレールの乗車距離と運賃との関係を示したもので、小学生は小児運賃となります。小児運賃は、大人運賃を２で割り、10円未満のあまりの金額は10円単位に切り上げます。

　　あとの(1)～(3)の問いに答えなさい。

表1

駅	発車時刻	千葉駅からの距離 (km)
千葉	7:04	0.0
千葉公園	7:06	1.1
作草部	7:07	1.8
天台	7:09	2.5
穴川	7:11	3.4
スポーツセンター	7:13	4.0
動物公園	7:15	5.2
みつわ台	7:17	6.2
都賀	7:20	7.7
桜木	7:22	9.0
小倉台	7:24	10.2
千城台北	7:26	11.2
千城台	7:28	12.0

表2

距離	大人運賃 (円)
2kmまで	200
2kmをこえて3kmまで	220
3kmをこえて5kmまで	290
5kmをこえて7kmまで	340
7kmをこえて9kmまで	390
9kmをこえて11kmまで	430
11kmをこえて13kmまで	480
13kmをこえて14kmまで	520

(1)　花子さんと次郎さんが千城台駅まで乗るのに支払った運賃はそれぞれ何円ですか。

(2)　千葉駅から千城台駅までのそれぞれの一駅間で、モノレールの速さが最も速いのは、どの駅とどの駅の間ですか。ただし、モノレールは、それぞれの一駅間では一定の速さで進むものとし、駅にとまっていた時間は考えないものとします。

(3) 下の**図1**～**図3**は、別の日にモノレールが進む様子を千葉公園からビデオで撮り、静止画像を取り出して絵にしたものです。

　　モノレールは2両編成の全長が29.8mで、**図1**から**図2**まで進むのに2.5秒かかり、**図1**から**図3**まで進むのに10秒かかりました。ただし、モノレールは**図1**から**図3**までの間を一定の速さで進み、橋脚の幅は考えないものとします。

　　図の説明（※）を読んで、次の①、②の問いに答えなさい。

① モノレールの速さは秒速何mですか。

② 橋脚Aから橋脚Dまでの長さは何mですか。

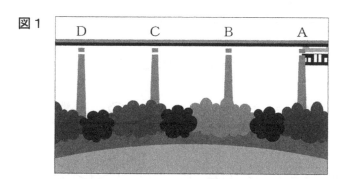

図1

※モノレールの先端が橋脚Aにさしかかった。

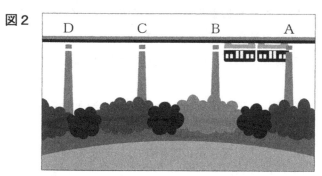

図2

※モノレールの後端が橋脚Aの位置にあった。

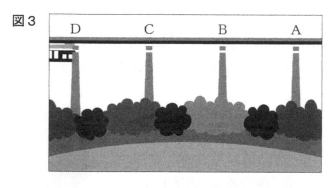

図3

※モノレールの後端が橋脚Dの位置にあった。

問2　3人はキャンプ場から帰って来ました。後日の3人の次の会話について、あとの(1)、
　　(2)の問いに答えなさい。ただし、円周率は3.14とします。

太郎：この前に行ったキャンプ場は、もともと千葉市乳牛育成牧場だったそうだよ。

花子：そうそう。現在、千葉県は乳牛の頭数、牛乳生産量とも全国第6位。さらに、
　　　卵の生産量は全国3位、ニワトリの飼育数は全国2位なんだよ。

　　　　　　　　　　　　　　　（※注：農林水産省「作物統計」2019・2020より作成。）

太郎：他にも千葉県ではコムギが栽培されていて、さらにサトウキビも栽培されて
　　　いるよ。

次郎：乳牛といえば牛乳、そして牛乳からはバターができる。その上、小麦粉、砂
　　　糖、鶏卵が手に入るとなると、バウムクーヘンができるね。

太郎・花子：バウムクーヘンを作ろう。

　　　そこで、太郎さんの家でバウムクーヘンを作ることにしました。

　　　3人は材料を混ぜて生地を作りました。本来、バ
ウムクーヘンは金属のつつを回転させながら生地を
かけて、横からの熱で一層ずつ焼いていきますが、
ここでは卵焼き用の四角いフライパン（以後、卵
焼き器）を使って次の手順で焼くこととしました。

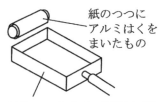

紙のつつに
アルミはくを
まいたもの

四角いフライパン（卵焼き用）

①　まず、紙のつつにアルミはくを巻き、バターをぬる。

②　卵焼き器にバターを引いて弱火で熱し、生地を流して表面が固まったらつつに巻
　　き取る。

③　再びバターを引いて生地を流し、表面が固まったらつつに巻き取る。

　　以後、③をくり返す。

　　注：実際は生地どうしの間にすき間ができるので形をととのえて食べることにしま
　　　　した。外側の層は1回では焼けないので、何回かに分けてつなぎました。

　　　このとき、次郎さんが次のようなことを言い出しました。

次郎：このバウムクーヘンおいしいね。ところで、うすい層を全部のばしたら何cm
　　　になるんだろう。

花子：わかった。計算で求めてみよう。穴は直径4cm、全
　　　体は直径10cmで、均一な2mmの厚さの層でできてい
　　　るとしましょう。

太郎：全部で【　ア　】層だ。一番内側の層は、直径4cm、
　　　これを使って円周の長さを求める。次の層からは、

10cm

4cm

5cm

※両はしをきれいに切ると
5cmになった。

---

2 次の会話文と【良夫さんが読んだ本の一部】を読んで、あとの問いに答えなさい。

良夫　最近読んだ本で、考えさせられるものがあったよ。お母さんが、小学校六年生の息子のソフトボールの試合を観戦する話だったんだけど。

花子　どういう話だったの。

良夫　試合に負けて悔し涙を我慢するピッチャーの姿が描かれているんだ。ぼくもこんなふうに成長したいなって思ったよ。

花子　うーん。どうしたら成長できるんだろう。

良夫　ぼくは、悔しいことも時には我慢して乗り越えたり、最後まであきらめないで挑戦したりすることが、成長につながるのだと思うよ。

花子　挑戦かあ。私も中学生になったら、何かに挑戦していきたいな。

【良夫さんが読んだ本の一部】

これは、「私」の息子のソフトボールチームの話である。ピッチャーのYちゃんと、キャッチャーのO君は、息子と同じ保育園のうさぎ組の頃からのYの友達である。日曜の朝、昨夜からの雨がまだすっきりと止んでいなかったが、予定通り試合が行われた。

さて、その日の対戦相手は※1強豪だった。※2素人の私から見ても、よく鍛えられているのが分かった。先取点を取ったものの、すぐに追い付かれ、逆転させられた。

どこからかやって来た野良犬も、一緒に応援してくれた。ベンチの攻守交替の時まで待って、しかも内野を横切るようなことはせず、※3ファウルグラウンドを遠回りして、トコトコと歩いてゆくのだった。

Yちゃんは風邪を引いていたらしく、本来の調子ではなかった。思うようにストライクが入らなかった。結局第一試合は、1対5で負けた。

Yちゃんは木の陰に座り、時折咳き込みながら、水筒のコップを持っている。顔を真っ赤にして頑張ったが、汗をびっしょりかいて、頭は

とうさぎ組の頃、お遊戯をしたり、ブランコで遊んだりしていた姿が思い出される。あれからまだほんの六、七年しか経っていないというのに、少女は悔し涙を我慢するほどに成長していた。その間、私はつまらない小説をいくつか書いていたに過ぎない。しかし子供たちは、こちらの思いを越えて、輝かしい時間の流れの中で生きている。

かつて私にも、こんなふうに成長していた子供時代が本当にあったのだろうか。今となってはもう、思い出せない。

第二試合、相手は中学生かと思うほど立派な体格のエースを先発させてきた。

第一試合のピッチャーは控えだったようだ。続けて投げるかどうか、自分で決めなさい、と監督に言われたYちゃんは、堂々とマウンドに立った。

相手のエースは体格に相応しいボールを堅く、難しいフライも落とさなかったほど、敵ながらほれぼれするくらいだった。バックの守りも投げ込んできた。敵ながらほれぼれするくらいだった。バックの守りも堅く、難しいフライも落とさなかったほど、更に悪いことに、Yちゃんの弟が胸にデッドボールを受け、負傷退場してしまうに悪いことに、Yちゃんの弟が胸にデッドボールを受け、負傷退場してしまうに悪いことに、Yちゃんの弟が胸にデッドボールを受け、負傷退場してしまった。

配水で冷やしたり、背中をさすったり、慌てて皆で介抱した。野良犬も心はいけないので、結局お父さんが車で病院へ連れて行った。そうして皆で介抱した。助骨にひびが入っているそうしたアクシデントにも動揺せず、Yちゃんは最後まで投げきった。結果は0対4だった。こちらのヒットは、O君が打った一本だけだった。

試合が終わったあと、相手チームが整列し、応援の私たちにむかって挨拶してくれた。キャプテンでもあるエースの彼が帽子を取り、ほとんど地面につくように深々と頭を下げると、それを合図に、「ありがとうございました」の声が響きわたった。

こんなにも気持ちのいい挨拶をされたことは、かつて一度もなかった。自分が特別によいこと、何かを成し遂げたような気分になれた。楽しませてくれたお礼を言うべきは私の方だ。

診断をもらってYちゃんの弟も戻ってきた。もう平気な顔をして、異常はないらしい。もう平気な顔をして飛び回っていた。

「あなたも、デッドボールには十分気をつけてね」

私は息子に言った。

「いや、ボールには向かっていかなくちゃいけないんだ。逃げてたら打てないんだよ、ママ」

と、息子は答えた。

（「犬のしっぽを撫でながら」小川 洋子 著より 一部改編）

※１ 強豪…強いチーム。
2022(R4) 稲毛国際中等教育学校
区教英出版

※2　素人…必要な知識や技能をもっていない人。

※3　アウトグラウンド…アウトラインの外側。

※4　介抱…けがをした人や病人の世話をすること。

問一　【良夫さんが読んだ本の一部】の波線部「輝かしい時間の流れの中で生きている」について、この時の「私」は何に気づいたのですか。解答らんに合うように、十五字以上二十字以内で書きなさい。句点（。）読点（、）も含む。

問二　会話文中の波線部「ぼくは、悔しいことも時には我慢して乗り越えたり、最後まであきらめないで挑戦したりすることが、成長につながるのだと思うよ」とありますが、あなたにとって「成長のために必要なこと」は何ですか。あなたが見たり聞いたり経験したことをふまえて、次の【書くことのきまり】にしたがって具体的に書きなさい。

【書くことのきまり】

1　九行以上十行以内で書くこと。

2　二段落構成とし、一段落目には成長のために必要なことを書き、二段落目にはその理由を見たり聞いたり経験したことをふまえて具体的に書くこと。

3　句点や読点もすべて一字として数えること。ただし、句点や読点が行のはじめ（一マス目）に来る場合には、前の行の最後のマスに文字と一緒に入れること。

4　文字やかなづかいを正しく書き、漢字を適切に使うこと。

K教英出版

令和4年度　適性検査Ⅲ

注意

1　**受検番号と氏名**を解答用紙の決められたらんに記入しなさい。

2　問題は ①、② までで、全部で6ページあります。

　　検査開始後に、印刷のはっきりしないところや、ページがぬけているところが

　あれば、手をあげなさい。

3　検査時間は45分間です。

4　声を出して読んではいけません。

5　答えはすべて解答用紙に記入し、**解答用紙を提出しなさい。**

6　答えを直すときは、きれいに消してから、新しい答えを書きなさい。

7　**問題用紙と解答用紙は切ったり、折ったりしてはいけません。**

千葉市立稲毛国際中等教育学校

1 放送による英語の問題
　☆問題は、**問1**から**問5**までの5問あります。

　☆英語はすべて2回ずつ読まれます。問題用紙にメモを取ってもかまいません。
　　答えはすべて解答用紙に記入しなさい。

問1　次の1.から3.について、放送された内容として最も適切なものをそれぞれ**ア〜エ**
の中から1つ選び、記号で答えなさい。

1. **ア**　QY　　　　　　**イ**　KY　　　　**ウ**　QI　　　　　**エ**　KI
2. **ア**　lip　　　　　　**イ**　big　　　　**ウ**　wig　　　　**エ**　pig
3. **ア**　I like soccer and tennis.　　　　　**イ**　I like soccer and *kendo*.
　　ウ　I like cricket and *kendo*.　　　　**エ**　I like rugby and fencing.

問2　Mika（みか）さんと男性の店員が話をしています。2人の話を聞いて、みかさん
が買いたいものに合う絵を次の**ア〜エ**の中から1つ選び、記号で答えなさい。

ア

イ

ウ

エ

問3　Daiki（だいき）さんと Emily（エミリー）さんが話をしています。2人の話を聞いて、2人が飼っている動物の絵を次の**ア〜エ**の中から1つ選び、記号で答えなさい。

問4　Aya（あや）さんと Jack（ジャック）さんが話をしています。2人の話の内容について、今度の土曜日に2人がしたいことに最も合う絵を次の**ア〜エ**の中から1つ選び、記号で答えなさい。

問5　地図上の矢印⇧のところで行われた道案内の対話を聞いて、それぞれの対話の目的
　　地の場所を示しているものを地図上の**ア〜オ**の中から１つずつ選び、記号で答えなさ
　　い。対話は１.と２.の２つあり、それぞれ別の人物によって、矢印の方向を向いて行
　　われたものです。

地図

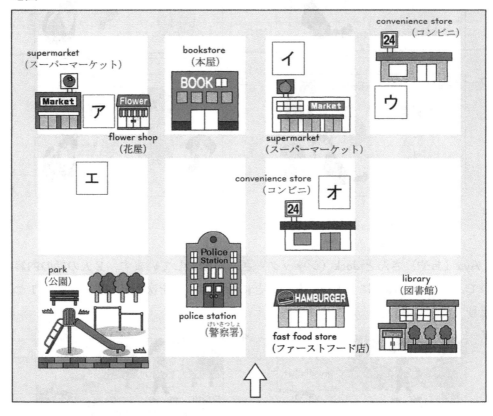

これで放送による英語の問題を終わります。

(B): No, I don't. I have two cats.

問4

(A): Hello, Jack. Where do you want to go this Saturday?

(B): I want to go to Fuji River with my friend, Ken. We like fishing.

(A): Oh, that's nice! I want to go to Lake Iroha. The trees and flowers by the lake are beautiful.

(B): Oh, great! My grandfather and I enjoyed fishing at Lake Iroha in the summer vacation.

問5

1.

(A): Excuse me. Where is ABC Hospital?

(B): Go straight. Go straight. Turn right. Go straight. Turn left. ABC Hospital is by the convenience store.

2.

(A): I want to go to the post office. Where is it?

(B): Go straight. Go straight. Turn left. Go straight. You can see it on your right.

千葉市立稲毛国際中等教育学校

令和4年度　適性検査Ⅰ　解答用紙

受検番号	氏名	点

（配点非公表）

1

問一

問二

問三

10

20

(2)

問4　a

　　　b

　　　c

| ① | 秒速 | m |

| ② | | m |

問2　(1)

| ア | | 層 |

| イ | | mm |

| ウ | | cm |

(2)

| | | cm |

あ	い

問3

ア	

イ	

ウ	

エ	

問 3

問 4

問 5

1.	
2.	

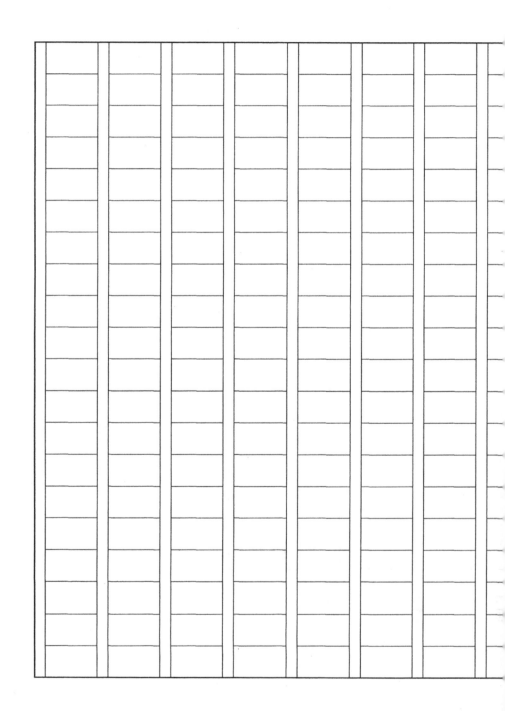

千葉市立稲毛国際中等教育学校

令和4年度　適性検査Ⅲ　解答用紙

受検番号	氏名

点

2

問一

15	
20	

ことに気づいた。

問二

千葉市立稲毛国際中等教育学校
令和４年度　適性検査III　解答用紙

受検番号		氏名		点

（配点非公表）

1

問1

1.	
2.	
3.	

問2

千葉市立稲毛国際中等教育学校

令和4年度　適性検査Ⅱ　解答用紙

受検番号		氏名		点

2

問1　(1)

(2)

問2　| ロープをかけ | 理由 |

千葉市立稲毛国際中等教育学校

令和4年度　適性検査Ⅱ　解答用紙

受検 番号		氏名		
				点

（配点非公表）

1

問1　(1)

花子	円

次郎	円

(2)

駅と　　　　　　　駅の間

千葉市立稲毛国際中等教育学校

令和4年度　適性検査Ⅰ　解答用紙

受検 番号		氏名		
				点

2

問1

問2

問3　⑴　a

問四

問五

問六

問七

↓

↓

↓

〜

30　20

【解答

適性検査Ⅲ　1　放送文（参考）

問1

1. KY

2. pig

3. I like soccer and *kendo*.

問2

(A): Do you want a salad?

(B): No, but I want juice. What do you have?

(A): We have apple and orange.

(B): I want orange juice with my sandwich.

問3

(A): Hi, Emily. What animals do you like? I like dogs very much. I have a dog.

直径が【　イ　】mmずつ増えていく。これらの円周の長さを層の（一番）内側を使って求める。これをくり返して、【　ア　】層の円周の長さを全部足したらいいと思う。そうすると、全部をつなげた長さは【　ウ　】cmになるよ。

次郎：じゃあ、次に、ぼくのやり方でもやってみるよ。ぼくは体積を使って考えたよ。バウムクーヘンの高さを5cmとして、体積は大きい円柱から小さい円柱を引けばいい。そして、これを1層ずつむいて全部つなぐと、うすい直方体と考えられるね。

太郎・花子：本当だ。

(1)　文中の【　ア　】～【　ウ　】にあてはまる数を入れなさい。

(2)　次郎さんの方法で求めた場合、この直方体の高さを5cm、縦の長さを0.2cmとすると横の長さは何cmになりますか。

2 冬の寒い日に、あきらさんは里山を再生する活動のボランティアに参加しました。
次の問いに答えなさい。

問1 あきらさんは、スタッフの1人から、この里山では現在一番多く見られるのが暗い
ところでも育つことができるカシ類やシイ類などのどんぐりの木で、これらは年中葉
をしげらせるため林内が暗くなってしまう、と教わりました。さらに、大きな木を切
ることで明るい森になり、暗いところでは育たないアカマツやコナラの光合成が活発
になることを教わりました。図1はそのときの説明に用いられたものです。これは光
合成曲線といい、右に行くほど明るくなり、上に行くほどよく成長することを表して
います。A、B2本の曲線は、一方がアカマツ、他方がシラカシです。
　次の(1)、(2)の問いに答えなさい。

(1) 図1において、A、Bのどちらがアカマツを表していますか。

(2) 図1において、この2種のうち一方しか育たない光の強さの範囲をア～エの中か
ら1つ選び、記号で答えなさい。

ア　a～b　　　イ　b～c　　　ウ　c～d　　　エ　d～e

図1

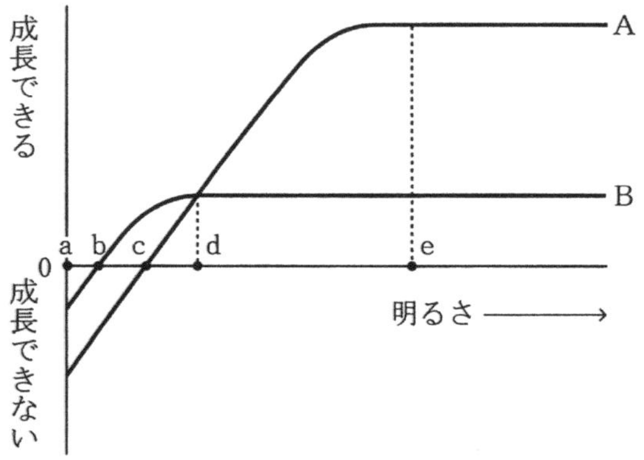

問2 あきらさんは、木を伐採していたスタッフから木の切り方について教えてもらいました。例えば、最初に枝を切ったのは重心をずらすため、ということでした。この場合、重心とは木全体をこの一点で支えることができる点で、重心を「受け口」ができる場所の真上より外側（**図2**では破線より左側）にもってくると、

図2

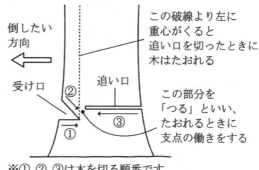

倒したい方向

受け口

② 追い口

① ③

この破線より左に重心がくると追い口を切ったときに木はたおれる

この部分を「つる」といい、たおれるときに支点の働きをする

※①、②、③は木を切る順番です。

「追い口」を切ったときに「受け口」の方にたおれる、ということでした。枝を切る以外に重心をずらすにはロープで引くことも効果的だそうです。

　図3はa～c 3種類の生え方をしている木をかいたものです。aの場合、最初から重心は「受け口」よりも左にあるため重心を移動させる必要はありません。bの場合、重心をもう少し左に移動させたいので右側の枝を切って右を軽くする必要があります。cの場合、枝を切っただけでは重心はあまり移動しないので、ロープで引く必要があります。

　ここで、cでは、あ、⓪のどちらにロープをかけて引くほうが小さな力でたおすことができますか。「支点」という語を用いて理由も答えなさい。

図3

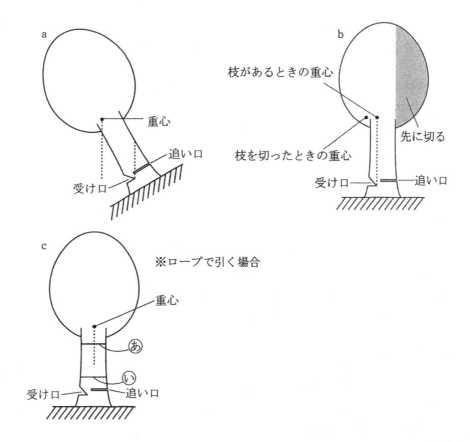

a

重心

追い口

受け口

b

枝があるときの重心

枝を切ったときの重心

先に切る

受け口 追い口

c

※ロープで引く場合

重心

あ

⓪

受け口 追い口

問3　伐採した後、多くの木は枝や葉を残したまま放置されました。これを「葉枯らし」<ruby>枯<rt>が</rt></ruby>というそうで、葉を残すことによって木材から水分が早くぬける、と教えてもらいました。そこで、このことを確かめるために、あきらさんはアジサイの茎を使って下の図の<ruby>茎<rt>くき</rt></ruby>ような実験を行いました。なお、実験に出てくるワセリンは水を通しにくい物質です。

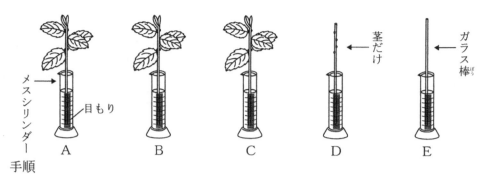

手順
①　同じような太さの茎に同じような大きさの葉がついている部分を4本用意する。
②　5本のメスシリンダーに同量の水を入れて、A〜Eとする。
　　A：アジサイの茎をそのままさす。
　　B：すべての葉の表にワセリンをぬった茎をさす。
　　C：すべての葉の裏にワセリンをぬった茎をさす。
　　D：葉をすべて取り、取った葉の切り口にワセリンをぬった茎をさす。
　　E：茎の太さと同じくらいの太さのガラス棒をさす。
③　A〜Eの重さをはかる。これを「実験前」とする。
④　5時間程度、日光に当てる。
⑤　A〜Eの重さをはかる。これを「実験後」とする。
結果

	A	B	C	D	E
実験前（g）	68.0	72.9	70.5	60.1	62.3
実験後（g）	57.9	64.5	68.5	59.7	62.2

　この結果から、次の【　ア　】〜【　エ　】にあてはまるメスシリンダーの組み合わせや数を下の選択肢から1つずつ選び、記号で答えなさい。<ruby>選択肢<rt>せんたくし</rt></ruby>
・葉の表からの水分の<ruby>蒸発量<rt>じょうはつりょう</rt></ruby>（蒸散量）は、【　ア　】の減少量の差、または【　イ　】の減少量の差となる。
・葉の裏からの蒸散量は、約【　ウ　】gとなる。
・茎からの蒸散量は、【　エ　】の減少量の差となる。
・【　ア　】の減少量の差と【　イ　】の減少量の差に多少のちがいがあるのは、実験に用いたアジサイの茎や葉のちがいによるもので、実験の失敗ではない。

選択肢
　ⓐ　AとB　　　ⓘ　AとC　　　ⓤ　AとD　　　ⓔ　AとE　　　ⓞ　BとC
　ⓚ　BとD　　　ⓠ　BとE　　　ⓠ　CとD　　　ⓠ　CとE　　　ⓒ　DとE
　ⓢ　10　　　　ⓛ　8　　　　　ⓢ　5　　　　　ⓢ　3　　　　　ⓢ　1

資料４　千葉市長選挙の投票率（男性・女性・合計）の推移

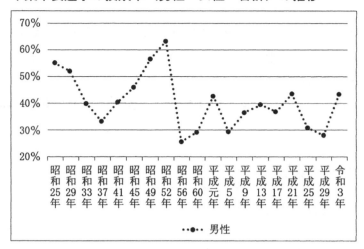

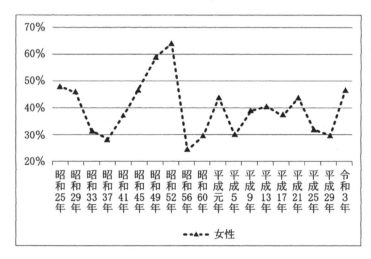

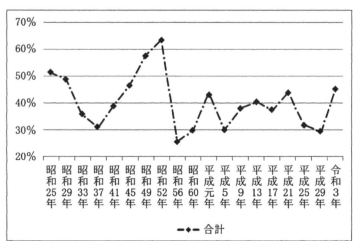

（千葉市ホームページより作成）

問3　3人の会話の中の**下線部③**に関して、(1)、(2)の問いに答えなさい。

(1)　千花さんは、千葉港における貨物の取り扱いに興味をもち、**資料5〜資料8**を見つけ、良夫さんと千葉港の特徴や貿易品目について話し合いました。次の**千花さんと良夫さんの話し合い**の中の（　a　）と（　b　）に入る内容としてふさわしいものを、選択肢から（　a　）は1つ、（　b　）は2つ選び、記号で書きなさい。

千花さんと良夫さんの話し合い

> 良夫：**資料5〜資料8**を見て、何か気がついたことはありましたか。
> 千花：私は**資料5**から、他の3つの工業地帯と比べて、京葉工業地域では化学工業の占める割合がとても大きいことが特徴的だと思いました。
> 良夫：そうですね。**資料6**から、京葉工業地域を代表する貿易港の1つである千葉港では（　a　）ことからもわかりますね。貿易品目については何かありましたか。
> 千花：**資料7**、**資料8**を見てわかったことは、（　b　）ことです。
> 良夫：そうですね。千葉港における外貿貨物（注）主要相手国・地域からでもいろいろなことがわかりますね。

注　外貿貨物…外国の港との間で、直接取り引きされる貨物。

（　a　）の選択肢（1つ選択する）
ア　液化ガスや衣類を多く輸入し、自動車や自動車部品を多く輸出している
イ　衣類やコンピュータを多く輸入し、自動車部品や半導体等製造装置を多く輸出している
ウ　衣類や肉類を多く輸入し、コンデンサーや集積回路を多く輸出している
エ　石油や液化ガスを多く輸入し、石油製品を多く輸出している

（　b　）の選択肢（2つ選択する）

ア　輸出入ともに、アフリカ大陸の国・地域は外貿貨物主要相手国・地域の上位
10か国・地域の中に含（ふく）まれていない

イ　輸出で、外貿貨物主要相手国・地域の上位10か国・地域の中に南アメリカ
大陸の国・地域は含まれていない

ウ　輸出入を合わせた貨物取扱量の全世界合計に占める、オーストラリアの輸出
入を合わせた貨物取扱量の割合は約3分の1である

エ　輸出入を合わせた貨物取扱量について、韓国がアメリカ合衆国よりも多い

オ　マレーシアから輸入する貨物取扱量は、マレーシアへ輸出する貨物取扱量の
約6倍である

カ　輸出入ともに外貿貨物主要相手国・地域の上位10か国・地域に含まれる
国・地域（「その他」を除く）は、すべてユーラシア大陸にある

資料5　京浜工業地帯・中京工業地帯・阪神工業地帯・京葉工業地域の製造品出荷額
の構成比（2018年）

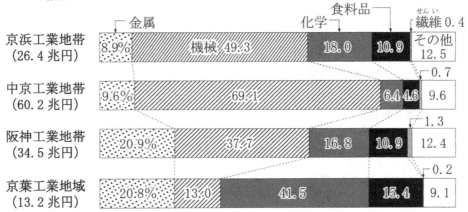

（「日本国勢図会2021/22」より作成）

資料6　京浜工業地帯・中京工業地帯・阪神工業地帯・京葉工業地域の主要港における輸出入上位3品目の構成比（2020年）

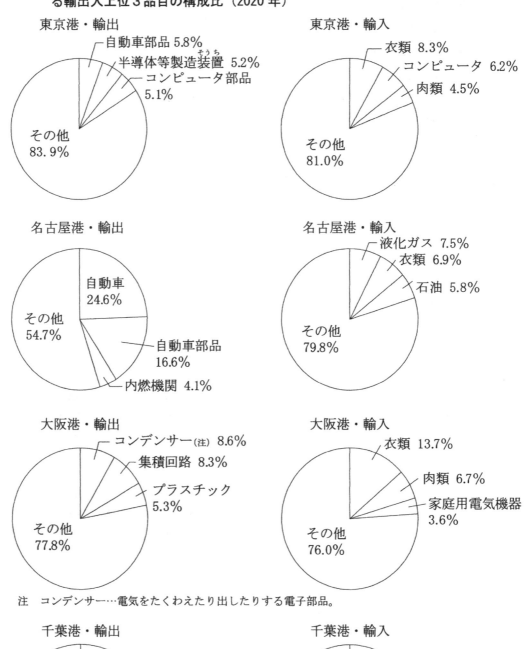

東京港・輸出
- 自動車部品 5.8%
- 半導体等製造装置 5.2%
- コンピュータ部品 5.1%
- その他 83.9%

東京港・輸入
- 衣類 8.3%
- コンピュータ 6.2%
- 肉類 4.5%
- その他 81.0%

名古屋港・輸出
- 自動車 24.6%
- 自動車部品 16.6%
- 内燃機関 4.1%
- その他 54.7%

名古屋港・輸入
- 液化ガス 7.5%
- 衣類 6.9%
- 石油 5.8%
- その他 79.8%

大阪港・輸出
- コンデンサー（注） 8.6%
- 集積回路 8.3%
- プラスチック 5.3%
- その他 77.8%

大阪港・輸入
- 衣類 13.7%
- 肉類 6.7%
- 家庭用電気機器 3.6%
- その他 76.0%

注　コンデンサー…電気をたくわえたり出したりする電子部品。

千葉港・輸出
- 石油製品 20.8%
- 鉄鋼 20.7%
- 有機化合物 18.4%
- その他 40.1%

千葉港・輸入
- 石油 51.7%
- 液化ガス 15.6%
- 自動車 8.9%
- その他 23.8%

（「日本国勢図会 2021/22」より作成）

資料7　千葉港における外貿貨物主要相手国・地域別貨物取扱量（上位10か国・地域）

輸出			輸入		
相手国・地域	貨物取扱量（t）	割合（%）	相手国・地域	貨物取扱量（t）	割合（%）
韓国	1,528,243	16.4	オーストラリア	15,273,676	20.5
中国	1,421,001	15.3	アラブ首長国連邦	14,687,573	19.7
オーストラリア	1,301,818	14.0	サウジアラビア	7,357,099	9.9
台湾	707,725	7.6	ブルネイ	7,276,151	9.8
ベトナム	621,587	6.7	カタール	6,118,276	8.2
アメリカ合衆国	580,399	6.2	アメリカ合衆国	5,170,040	6.9
マレーシア	380,396	4.1	韓国	2,486,627	3.3
シンガポール	366,291	3.9	マレーシア	2,116,529	2.8
香港	254,744	2.7	フィリピン	1,999,865	2.7
チリ	254,079	2.7	ロシア連邦	1,701,980	2.3
その他	1,896,392	20.4	その他	10,282,976	13.9
合計	9,312,675	100.0	合計	74,470,792	100.0

（令和元年千葉県港湾統計年報より作成）

資料8　千葉港における外貿貨物主要相手国・地域の位置

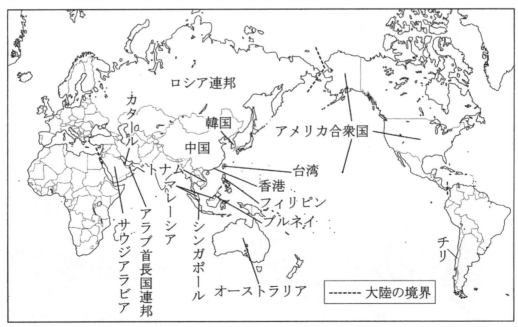

(2) 千花さんは、千葉港に建設された「千葉ポートタワー」の建物が写った**資料9**の写真を見つけ、千花さんのお父さんと地図のどの場所から撮った写真であるかを話し合いました。**資料9、千葉ポートタワー周辺の地図**をもとに、この写真がどの位置からどの方向へ向けて撮った写真か、**千葉ポートタワー周辺の地図**中の**ア〜エ**の中から１つ選び、記号で書きなさい。ただし、「●」の位置から「→」の方向へ向けて撮ったものとします。

千花さんとお父さんの話し合い

千花：お父さん、この写真はどの位置からどの方向へ向けて撮ったのかな。

父　：これは、千葉ポートタワーに向かっているときにお父さんが撮った写真だよ。左の奥に写っている千葉ポートタワーと右に写っている千葉中央郵便局がヒントになるかな。

千花：他にヒントはないの。

父　：そうだね。左手側には千葉県立美術館が見えていて、このまままっすぐに150ｍほど進んだ十字路の交差点を左に曲がって進むと、千葉ポートタワーが正面に見えるんだ。わかるかな。

千花：わかった、この位置から撮ったんだ。ありがとう、お父さん。

資料9　千花さんが見つけた写真

千葉ポートタワー周辺の地図

（国土地理院2万5千分の1地形図「千葉西部」　平成31年発行を125%に拡大）

主な地図記号					
◎	市役所	ぢ	官公署	ロ	高塔
☼	工場	⊖	郵便局	☆	変電所・発電所
⊕	保健所	⊗	警察署	文	小中学校
卍	寺院	卅	神社	⊗	高等学校
⊞	病院	×	交番	血	博物館・美術館

問4　3人の会話の中の**下線部④**に関して、良夫さんたちは周りから少しずつごみを減らしていく取り組みを行っていくことが重要であると考え、下の**ごみを減らす取り組み**の図のように個人や企業（会社）、国や市などでできることをまとめました。下の図の**a〜c**の内容として最もふさわしいものを、選択肢**ア〜ク**の中からそれぞれ1つずつ選び、記号で書きなさい。

ごみを減らす取り組み

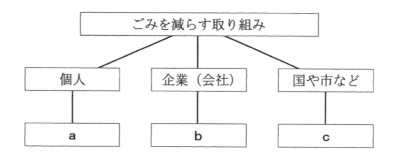

選択肢

ア　ごみ焼却場で出た熱を逃がさず、温水プールに利用する。

イ　レストランでは積極的にテイクアウト（持ち帰り）を利用する。

ウ　製品に過剰な包装をせず、簡素化する。

エ　出たごみは種類を問わず、ごみ焼却場で一度に焼却して処理を行う。

オ　家庭で空き缶・古紙・布類を分別して、ごみ捨て場に持っていく。

カ　季節ものの食品などの商品は、その季節の終わりになる前に積極的に次の季節の商品への入れかえを行う。

キ　多くの人に食品を購入してもらうために、オンラインショップで販売を始める。

ク　人々の意見を取り入れながら法律や条例を作り、ごみをたくさん出さないように規制する。

令和3年度　適性検査Ⅰ

注意

1　**受検番号と氏名**を問題用紙と解答用紙の決められたらんに記入しなさい。

2　問題は $\boxed{-}$ 〜 $\boxed{2}$ までで、全部で 10 ページあります。

　検査開始後に、印刷のはっきりしないところや、ページがぬけているところが

あれば、手をあげなさい。

3　検査時間は 45 分間で、終わりは**午前 10 時 25 分**です。

4　声を出して読んではいけません。

5　答えはすべて解答用紙に記入し、**問題用紙と解答用紙を提出しなさい**。

6　答えを直すときは、きれいに消してから、新しい答えを書きなさい。

7　**問題用紙と解答用紙は切ったり、折ったりしてはいけません。**

受　検　番　号	氏　　　名

千葉市立稲毛高等学校附属中学校

1 次の会話文と【資料】を読んで、あとの問いに答えなさい。

千花　お兄ちゃんが言っていたんだけど、お兄ちゃんの大学では、しばらくオンライン授業が続くんだって。課題もたくさん出て、あっぷあっぷすると言っていたよ。

良夫　ぼくたちは三か月休校で、六月から授業が本格的に始まったんだよね。

花子　うん。みんなに会えるのがいちばんうれしいね。ところで、オンライン授業って何。

千花　オンライン授業って、インターネット上で行う授業のことだよ。学校の授業が家のパソコンやタブレット、スマートフォンなどで受けられるんだよ。

花子　ネット上でできるの。それは楽でいいな。

千花　楽とは限らないよ。①オンライン授業には②利点もあるけど、欠点もあるよ。

花子　そうかあ。楽なのかと思った。

良夫　ところで、ぼくは休校期間中、とてもひまで困ったな。やっぱり学校があったほうがいいや。

千花　わたしも早く学校に行きたかったし、休校期間中はなんとなく不安だった。でも、学級通信で先生の言葉を読んで、多くのことを学ぶチャンスにしようと考えたんだ。

良夫　ぼくも読んだよ。先生は「規則正しい生活を心がけよう。そして、学校の宿題に取り組んだり家の手伝いをしたりしよう」と書いていたね。「その上で、自由な発想で、いつもよりたくさんある時間を有効に使う、普段でできない探究活動に時間を費やしてほしい」とも書いてあったけど、③探究活動って何。

千花　自分の課題を持って、その情報を集めて、問題解決の方法を自分なりに考えて、伝えることだよ。

花子　さすが千花ちゃん。やっぱり、いつやっても同じ場所で話すといいね、勉強になるよね。

良夫　うん、そうだね。ぼくも、ぼくたちがいつも学校で学ぶということには（　④　）という良さがあると思ったよ。

【資料】

「コピタス」と呼ばれる教育理念がある。インターネットワークを使って行う教育のことである。

どのような遠隔地からもネットをつなぎながりていれば教育機会にアクセスすることができる。空間的※1隔絶を※2勘定に入れなくてもよいということは学ぶ側には測り知れないメリットをもたらすだろう。

また、ネット上に教材を置いておけば、学生が好きなとき、好きな場所で自習したり教員とやりとりすることができる。同一時間に同一場所で出会わなければ授業が成り立たないという「時間の制約」からも解放される。

コピタスなら時空を自在に行き来して、あらゆる教育情報に主体的にアクセスできる。ここまでのようであるが、※3サイバー・スペースを※4キャンパスとする学校には本質的な限界もある。それはカタログを見て買い物をする通販ビジネスの限界と同じである。「カタログに載っていないものは買えない」ということである。

当たり前じゃないかと思われるかもしれない。現に、ほとんどの学校はそこに行けばどのような教育サービスが受けられるかを情報公開しており、どの科目を※5履修すれば、どういう利益が得られるかをわかりやすく「カタログ」にしている。

けれど、これが教育の本質に※6悖るものであるということを忘れてもらっては困る。

子どもたちはこれから学ぶことになる教科について、それを学ぶことの※7有用性や価値について語る言葉をまだ持っていない。しばしば「それを学ぶことの有用性や価値について語る言葉をまだ持っていない」という当の事実こそが彼らがそれを学ばなければならない理由だからである。

※1 隔絶…かけはなれていること。
※2 勘定に入れる…あらかじめ見積もる。
※3 サイバー・スペース…コンピューターネットワーク上の仮の空間。
※4 キャンパス…大学などの校舎やしき地。
※5 履修…学ぶ。
※6 悖る…反する。
※7 有用性…役に立つ可能性。

（「昭和のエートス」内田 樹 著 文春文庫刊より 問題作成のため一部改編）

― 2 ―

問一　波線部①オンライン授業の利点を【資料】より三十一字でぬき出し、解答用紙の「こと。」で終わる形で書きなさい。句点（。）読点（、）も含む。

問二　波線部②「利点もあるけど、欠点もある」ことを表す四字熟語を　□　の中から漢字を選んで書きなさい。（同じ漢字を二度使ってもよい。）

三	朝	悪	一	夕	十	日	有	大	二	短	百
石	水	長	良	欠	日	有	大	利	二	短	千

問三　波線部③探究活動について千花さんが言っている「探究活動」とはどういうものですか。あてはまるものをすべて選び、記号を書きなさい。

ア　海洋プラスチック問題などからレジ袋が有料になったことを知り、買い物のときはエコバッグを持参する。

イ　感染症の歴史について調べ、どのような課題があり、どのように克服してきたかを理解する。

ウ　地球温暖化に対する日本と外国の取り組みを比較し、日本に足りないことを見つけ、レポートにまとめ発表する。

エ　漢字検定に合格するために、一か月で問題集を終わらせる。

オ　毎日出るごみの種類や量を記録し、そこからごみを減らす方法を考え、家族と話し合う。

問四　【資料】の中で、子どもたちが学ばなければならない理由を筆者は何と言っていますか。【資料】の中の言葉を使い「子どもたちは」に続けて解答らんにおさまるように、二十三字以上三十五字以内で書きなさい。句点（。）読点（、）も含む。

問五　（　④　）について、あなたが良夫さんだったらどう答えるか、三人の会話をふまえて、十六字以上二十五字以内で書きなさい。また（　④　）に書いた学校で学ぶことの良さについて、休校期間中の生活と学校での生活を比較し、次の【書くことのきまり】にしたがって具体的に書きなさい。

【書くことのきまり】
1　九行以上十行以内で書くこと。
2　二段落構成とし、二段落目の書き出しは「それに比べて学校では」とすること。
3　句点や読点も、すべて一字として数えること。ただし、句点や読点が行の始め（一マス目）に来る場合には、前の行の最後のマスに文字と一緒に入れること。
4　文字やかなづかいを正しく書き、漢字を適切に使うこと。

2 　千花さんと良夫さんが、社会科の授業で学んだ自然災害について先生と話をしています。次の文章はそのときの会話です。よく読んであとの問いに答えなさい。

千花：最近①自然災害が多かったね。よくテレビで報道されていたよ。
良夫：そうだね。いつ、どこで、どんな被害（ひがい）が出るかわからないから、こわいね。
千花：でも、被害を減らすために様々（さまざま）な対策（たいさく）が行われているんだよね。
先生：そうですね。対策は大きく３つに分かれています。自分や家族で行う対策の「自助」、周囲の人たちと協力して行う対策の「共助」、市や国が行う対策の「公助」の３つで、それらを合わせて「②防災の三助」と呼（よ）ばれています。どのような防災の方法があるのか具体的に調べてみましょう。
良夫：千花さんは③どのような方法で防災について調べるの。
千花：わたしはインターネットを使って調べてみるね。④地形や土地の使い方によって起きる災害は違（ちが）うから、地域（ちいき）によっていろんな防災の方法がありそうだね。
先生：では、⑤地元の防災についても、みんなで考えてみましょう。

問１　会話中の**下線部①**について、千花さんはある災害について関心をもち、次の４枚の**写真１～４**を集めました。**写真１～４**は、ある同一の災害による被害の状況（じょうきょう）を撮影（さつえい）したものです。これらの被害をもたらした災害として最もふさわしいものをあとの**ア～エ**の中から１つ選び、記号で答えなさい。

写真１

山くずれで倒壊（とうかい）した家屋（白河（しらかわ）市）

写真２

亀裂（きれつ）の入った水田や農道（奥州（おうしゅう）市）

写真３

突出（とっしゅつ）したマンホール（須賀川（すかがわ）市）

写真４

打ち上げられた漁船（鮎川（あゆかわ）漁港）

（農林水産省「広報　11年　５月号」より作成）

ア 大雨　　　　**イ** 火山噴火（ふんか）　　　**ウ** 地震（じしん）　　　**エ** 台風

－ 4 －

問2　次の**表1**は、会話中の**下線部②**についてまとめたものです。**空らんA～C**には、それぞれ「自助」「共助」「公助」のいずれかが入り、**空らんD～F**には災害時の行動についての具体例が入ります。**空らんA～C**と**空らんD～F**にあてはまる内容の組み合わせとして、最もふさわしいものをあとの**ア～カ**の中から1つ選び、記号で答えなさい。

表1

三助の種類	日ごろの準備	災害時の行動
A	・水や食料を備蓄する ・避難経路を確認する ・家具を固定する	D
B	・ハザードマップを作成する ・公立学校の耐震化をすすめる ・災害情報をメール配信する	E
C	・自主防災組織に参加する ・町内会で危険箇所を確認する ・近隣住民と防災訓練を行う	F

ア　Aには「自助」が、Dには「消防隊を派遣する」が入る。

イ　Aには「共助」が、Dには「避難できる場所を提供する」が入る。

ウ　Bには「共助」が、Eには「避難所に避難する」が入る。

エ　Bには「公助」が、Eには「消防隊を派遣する」が入る。

オ　Cには「公助」が、Fには「避難所に避難する」が入る。

カ　Cには「自助」が、Fには「避難できる場所を提供する」が入る。

問3　次の**資料1**は、会話中の**下線部③**について防災に関して活用したい情報入手方法を年代別にまとめたものです。**資料1**の**空らんA〜D**にあてはまる情報入手方法の組み合わせとして、最もふさわしいものをあとの**ア〜カ**の中から1つ選び、記号で答えなさい。

資料1

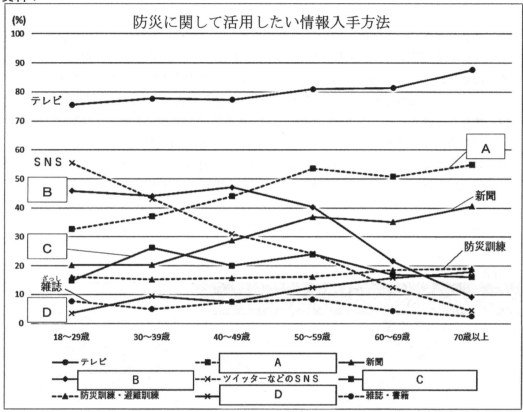

（平成29年度内閣府調査「防災に関して活用したい情報入手方法」より作成）

記号	A	B	C	D
ア	ホームページやアプリ (注1)	国や地域が作るパンフレット	地域の集会	ラジオ
イ	国や地域が作るパンフレット	ホームページやアプリ	ラジオ	地域の集会
ウ	ラジオ	ホームページやアプリ	国や地域が作るパンフレット	地域の集会
エ	ホームページやアプリ	ラジオ	地域の集会	国や地域が作るパンフレット
オ	ラジオ	地域の集会	ホームページやアプリ	国や地域が作るパンフレット
カ	国や地域が作るパンフレット	地域の集会	ラジオ	ホームページやアプリ

注1　パソコンやスマートフォンなどの中にある、計算機やゲームなどの特定の機能

問4 会話中の**下線部④**に関して、千花さんはおじいさんが住んでいる茨城県東茨城郡大洗町の防災について調べました。大洗町で津波が起こったと考えた場合、**資料2**の大洗町津波避難誘導マップを参考に、次ページの**資料3**の地図中の**地点A～D**からの避難経路と避難方法の説明として、最もふさわしいものを次の**ア～エ**から１つ選び、記号で答えなさい。

ア 地点Aは海岸からは離れているがその地点から一番近い避難所に向かうため、県道108号線を南西に車で進み、大洗小近くの避難所兼緊急避難場所に避難する。

イ 地点Bは海に近いので、その地点から北東に位置する中根医院前の信号まで徒歩で進み、その信号を左に曲がり旧祝町小近くの避難所兼緊急避難場所に避難する。

ウ 地点Cは海抜4m^(注2)地点に近いので、大鳥居前の信号を右折し、県道173号線を北東方面に車で移動し、大洗ゴルフ倶楽部近くの緊急避難場所に避難する。

エ 地点Dは海抜24m地点の近くではあるが津波を避けるため、徒歩で県道2号線に出て北西に進み、大洗キャンプ場近くの緊急避難場所に避難する。

注2 選択肢中の『海抜』とは、海水面からの高さを示すものである。

資料2

（大洗観光協会「大洗町津波避難誘導マップ」より作成）

資料3

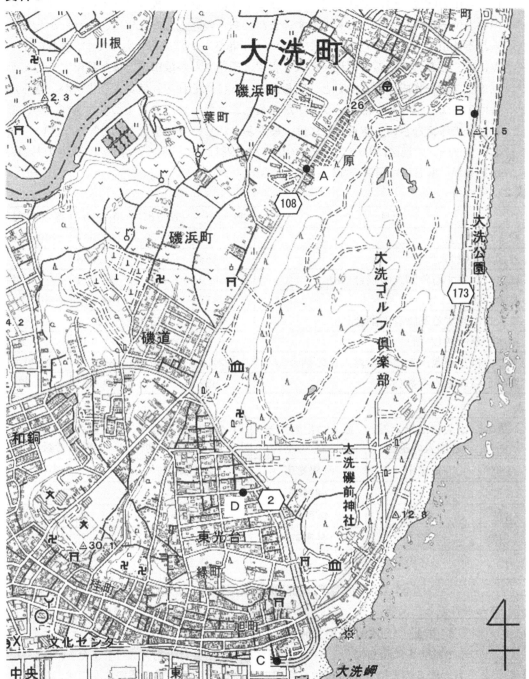

（国土交通省　国土地理院「電子国土基本図」より作成）

主な地図記号	✕ 小中学校	🏛 博物館	卍 神社

問5 会話中の**下線部⑤**に関して、千花さんは千葉県の勝浦市、成田市、市川市、鎌ケ谷市の4市の防災について調べました。**表2**は4市の統計、**表3**は各項目における、県内の上位5市町村を示したものです。また、あとの▢の文章は、これらから考えられる4市の特徴や防災の工夫について、千花さんが作成したものです。**表3のⅠ～Ⅳ**には、**表2**の4市のいずれかが入ります。千花さんが**成田市と鎌ケ谷市**についてそれぞれ文章を作成したとすると、**空らんa、b**にはそれぞれ何が入りますか。**空らんaはア～エ、空らんbはオ～ク**の中から最もふさわしいものを1つずつ選び、それぞれ記号で答えなさい。**空らんc**には、最もふさわしい方位を八方位で答えなさい。なお、10ページの地図において、一部の市町村の表し方に、色のこさや線の太さのちがいがあるが、解答には関係のないものとする。

表2

項目	勝浦市	成田市	市川市	鎌ケ谷市
総人口（人）	17,259	132,096	495,639	109,388
外国人総数（人）	158	5,226	11,898	1,490
総人口に対する外国人の割合（%）	0.9	4.0	2.4	1.4
高齢者総数（人）	7,417	29,895	102,995	30,739
総人口に対する高齢者の割合（%）	43.0	22.6	20.8	28.1
指定避難所数（か所）	21	52	135	21
1つの指定避難所あたりの総人口の割合（人）	821.9	2540.3	3671.4	5209.0
県外からの転入者数（人）	452	7,711	24,898	3,528

表3

項目＼順位	総人口に対する外国人の割合	総人口に対する高齢者の割合	1つの指定避難所あたりの総人口の割合	県外からの転入者数
1位	富里市	南房総市	習志野市	千葉市
2位	Ⅰ	御宿町	Ⅲ	Ⅳ
3位	銚子市	鋸南町	船橋市	船橋市
4位	八街市	長南町	松戸市	松戸市
5位	多古町	Ⅱ	佐倉市	柏市

（千葉県防災危機管理部防災政策課資料、千葉県ホームページより作成）

千花さんが作成した文章

（　　　　　）市は、4つの市の中で最も（　a　）という特徴があります。このことから、この市では防災に関して（　b　）という対策が必要だと考えます。また、（　a　）の特徴をもつ表3の上位5市町村は、県内の（　c　）の地域に多いようです。

空らんa

ア　総人口に対して高齢者が多い

イ　総人口に対して外国人が多い

ウ　1つの指定避難所あたりの総人口が多い

エ　県外からの転入者数が多い

空らんb

オ 防災訓練の経験がない人のために、いくつかの言語で書かれたマニュアルを作る

カ 今ある避難所を、バリアフリーの設備が整った福祉避難所にし、地域住民に知らせる

キ その市で、ハザードマップや交通、避難経路などの情報を積極的に発信する

ク 避難所の最新の混雑状況を、スマートフォンで確認できるシステムをつくる

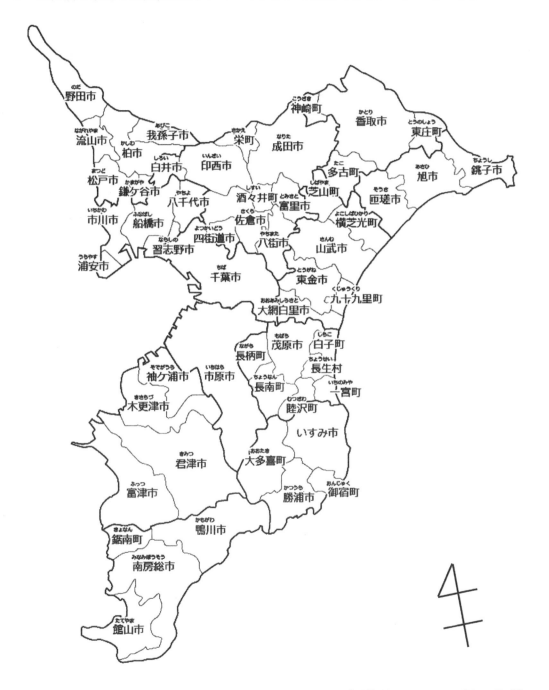

（千葉県ホームページより作成）

令和3年度　適性検査II

受　検　番　号	氏　　　　名

千葉市立稲毛高等学校附属中学校

1 良夫さんと千花さんのクラスで学習発表会が行われます。次の問いに答えなさい。

問1 学習発表会の準備で教室のかべをかざります。1枚のかべ紙は縦1m、横5mの長方形で、図1のようにア、イ、ウ、エの部分に分かれています。アは直径が60cmの円、イは直角をはさむ2辺が60cmと80cmで、一番長い辺が100cmの直角三角形、ウは2本の対角線が60cmと120cmのひし形、エは縦1m、横5mの長方形からア、イ、ウの図形を取りのぞいた部分です。かべ紙1枚につきア、イは2つずつ、ウは1つ図形がかいてあります。アを赤、イを青、ウを緑、エを白の絵の具でぬるとき、あとの(1)、(2)の問いに答えなさい。ただし、円周率は3.14とします。

図1

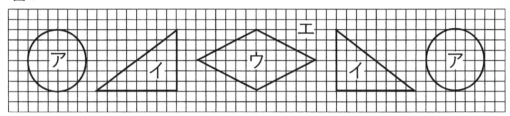

(1) 1枚のかべ紙に色をぬる面積の大きい順にその色を答えなさい。

(2) 1本200mL入りの絵の具が、赤と青は2本ずつあり、緑と白は3本ずつあります。どの色も1本で1.2㎡ぬることとします。同じかべ紙を18枚作るとき、青の絵の具はあと何本必要か答えなさい。

問2 良夫さんたちは、学習発表会でボールを使うことにしました。お店に問い合わせると、同じボールでも1箱に8個入りと9個入りの商品があることと、ボールは1個ずつ買うことができないことがわかりました。次の(1)、(2)の問いに答えなさい。

(1) ボールは全部で175個必要です。8個入りの商品の箱は送料が無料ですが、9個入りの商品の箱は、縦、横、高さの合計の長さが長い分、送料がかかります。ぴったり175個のボールを、できるだけ送料がかからないようにして買うとき、8個入り、9個入りの箱をそれぞれ何箱ずつ注文するとよいか答えなさい。

(2) 9個入りの箱をスケッチすると、**図2**のように
なりました。ボールを表した円の直径を 10 ㎝と
するとき、**図2**の色のついた部分の面積は何㎠に
なるか答えなさい。ただし、円周率は 3.14 とし
ます。

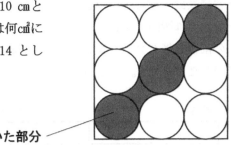
図2

色のついた部分

問3 良夫さんは、学習発表会に必要な衣装を、学校の昇降口から5km 先の千花さんの
家まで取りに行くことになりました。次の(1)、(2)の問いに答えなさい。

(1) 良夫さんと千花さんが昇降口で話しています。次の会話文を読んで、□にあてはま
る数を答えなさい。ただし、良夫さんの走る速さ、歩く速さは、会話中に示されている
速さで一定とします。

良夫：何時までに取りに行けばいいの。
千花：お母さんが、用事があるから、
　　　午後1時までに取りに来てほしいって。
良夫：よゆう、よゆう、1時間以上あるじゃん。
千花：えっ、何言ってるの。ちゃんと時計を見てよ。
　　　鏡に映った時計を見ているよ。
良夫：あっ、本当だ。
　　　でも、1kmを5分で走れるから、何とかなるよ。
千花：1kmを歩いたら、どれくらいかかるの。
良夫：歩いたら、15分だなぁ。
千花：じゃぁ、□km以上は走らないと間に合わないよ。
良夫：わかった、午後1時に間に合うようにがんばるよ。

昇降口の鏡

(2) この時計の長針が動くときの先端の速さは分速 1.47cm です。長針は短針よりも3cm
長いです。短針の長さを求める計算を「1.47×」に続く1つの式で答えなさい。実際に
長さを求める必要はありません。ただし、長針と短針の長さは時計の中心から針の先端
までの長さとし、円周率は3.14とします。

問4　学習発表会には多くの参観者が訪れ、大成功のうちに終了しました。下の**表1**は、学習発表会で良夫さんの教室を訪れた大人、高学年、中学年、低学年、その他の人数をそれぞれ時間別に調べたものです。また、**資料1**は、２時間目、３時間目に訪れた人の割合を帯グラフで表したもの、**資料2**は、それぞれの時間の合計人数を棒グラフで表したものです。あとの(1)、(2)の問いに答えなさい。

表1　　　　　　　　　　時間別の参観者数調べ

		1時間目	2時間目
大人		62 人	70 人
小学生	高学年	48 人	58 人
	中学年	40 人	44 人
	低学年	32 人	39 人
その他		18 人	32 人
合計		200 人	243 人

資料1

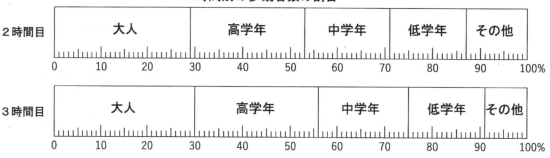

時間別の参観者数の割合

資料2

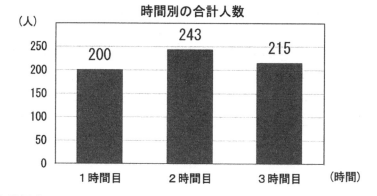

時間別の合計人数

(1)　1時間目に教室を訪れた大人、高学年、中学年、低学年、その他の人数の割合を、解答用紙に帯グラフで表しなさい。ただし、左から百分率で表した割合の大きい順に区切ることとします。

(2)　次の①～③の文について、正しいものには〇を、正しくないものには×を書きなさい。

　　①　3時間目の参観者数で一番多かったのは、大人である。

　　②　小学生の参観者数は、2時間目より3時間目の方が多い。

　　③　低学年の参観者数は、2時間目より3時間目の方が少ない。

― 4 ―

2

問1　千花さんは、夏休みの自由研究で、アサガオが発芽するために必要な条件について
　　　調べました。下の【千花さんの実験ノート】を参考にして、あとの(1)〜(4)の問いに
　　　答えなさい。ただし、実験条件の「空気なし」とは、容器の中を水で浸し、種子をそ
　　　の水中に沈め、種子が直接空気に触れないようにした条件のことです。

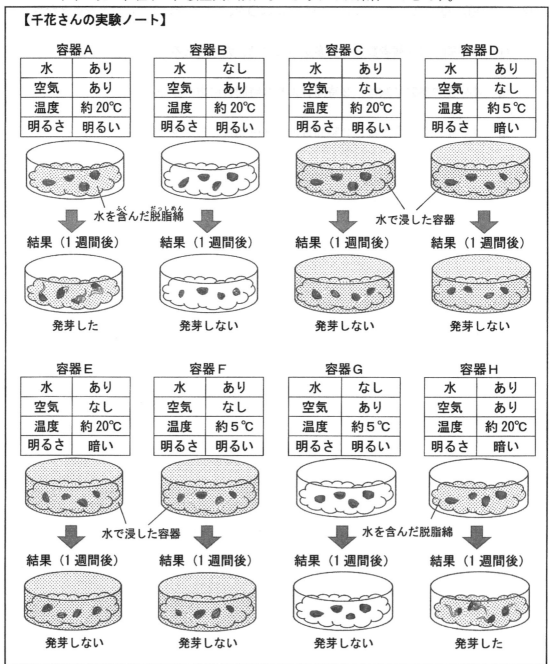

【千花さんの実験ノート】

令和三年度　適性検査Ⅰ　解答用紙　千葉市立稲毛高等学校附属中学校

一

受検番号	
氏名	
得点	

（配点非公表）

問一

	こ
	と
	。

32

問二

| |
| |
| |

問三

| |

問四

子どもたちは

25

令和3年度　適性検査Ⅰ　解答用紙　　千葉市立稲毛高等学校附属中学校

2　問1　　　□

問2　　　□

問3　　　□

問4　　　□

問5　成田市　　a　□　　b　□

　　　　　c　□

　　鎌ケ谷市　a　□　　b　□

　　　　　c　□

（配点非公表）

受検番号		氏名	

2021(R3) 稲毛高附属中

K 教英出版

【解答

(配点非公表)

2

問1 (1)

容器 [ ] と、容器 [ ]

容器 [ ] と、容器 [ ]

(2)

容器 [ ]　　　　　　　容器 [ ]

実験条件

水	あり	なし
空気	あり	なし
温度	約5℃	約20℃
明るさ	明るい	暗い

実験条件

水	あり	なし
空気	あり	なし
温度	約5℃	約20℃
明るさ	明るい	暗い

(3) [ ]

(4)

案1
案2

0　2　4　6　8　10　12　14　16　18　20　22　24(時間)

問2 (1) [ ]

(2) [ ]

(3) [ ]

1

問1　(1)

大　←――――――― 面積 ―――――――→　小

問1　(2)

□本

問2　(1)

8個入り □箱、9個入り □箱

問2　(2)

□ cm²

問3　(1)

□ km　以上

問3　(2)

1.47　× □

問4　(1)　　時間別の参観者数の割合

1時間目

0　10　20　30　40　50　60　70　80　90　100%

問4　(2)　①□　②□　③□

問
五

16

25

【解答

(1) アサガオの発芽に空気が必要かどうかを調べるためには、どの容器とどの容器を比べたらよいですか。【千花さんの実験ノート】にある容器A〜Hから2組を選び、その記号を答えなさい。

容器 [   ] と、容器 [   ]　　　　容器 [   ] と、容器 [   ]

(2) 千花さんは、今回の実験だけでは、発芽と温度の関係について調べることができないことに気付きました。この関係について調べるためには、どのような条件の実験を行い、比較すればよいですか。【千花さんの実験ノート】にある容器A〜Hから適切なものを2つ選び、それらと比較する水、空気、温度、明るさのそれぞれの実験条件について適切なものを選び、どちらかを◯で囲みなさい。

容器 [   ] の実験と、下の条件の実験を比較する。

水	あり	なし
空気	あり	なし
温度	約5℃	約20℃
明るさ	明るい	暗い

容器 [   ] の実験と、下の条件の実験を比較する。

水	あり	なし
空気	あり	なし
温度	約5℃	約20℃
明るさ	明るい	暗い

(3) 千花さんは、家の中で鉢植えのアサガオに当てる光の時間の長さを調節したところ、下の表の実験結果が得られました。この実験結果から、アサガオがつぼみをつけるために必要な条件として考えられることを、下のア〜エの中から1つ選び、その記号を答えなさい。ただし、鉢植えのアサガオに当てた光は、太陽光に近い明るさの光とし、光を当てない時間は、完全に暗くするものとします。

表　光を当てた時間とつぼみの関係

鉢	光を当てた時間	つぼみをつけたか
鉢1		つけた
鉢2		つけた
鉢3		つけた
鉢4		つけなかった
鉢5		つけなかった

0　2　4　6　8　10　12　14　16　18　20　22　24(時間)

注) 表中の ☒ の部分は、鉢植えのアサガオに光を当てない時間を示し、☐ の部分は鉢植えのアサガオに光を当てた時間を示しています。

ア 鉢植えのアサガオにすべての時間光を当て続ける。

イ 鉢植えのアサガオに光を当てない時間を、連続9時間以上とる。

ウ 鉢植えのアサガオに光を当てる時間を、連続18時間以上とる。

エ 鉢植えのアサガオに光を当てない時間を、合計で6時間とる。

(4) 千花さんは、前の実験だけでは、どのくらいの時間、明るくしたり、暗くしたりする とつぼみをつけるかがはっきりわかりませんでした。時間を特定するために、さらにど のような実験をすればよいですか。光を当てない時間を、(3)の**表**のように右側のマス から ☒ で表し、2つの案を解答用紙に答えなさい。

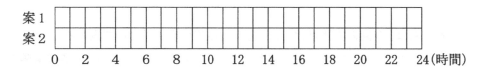

案1
案2

0　2　4　6　8　10　12　14　16　18　20　22　24(時間)

問2　良夫さんは、学校で月について学習し、月の形に関心をもちました。そこで、月の 見え方を観察したり、図書資料やインターネットで月の動きについて調べたりして、 内容を先生に確認してもらいノートにまとめました。下の**【良夫さんのノート】**をも とにして、あとの(1)～(3)の問いに答えなさい。

【良夫さんのノート】

　月の形が日によって変わって見えるのは、月と太陽の位置関係が変わるからである。 地球の北極のずっと上空から見た様子を、図1のように表した。月は地球の周りを①～ ⑧の順に回っている。このとき、地球と月の白いところは、太陽の光が直接当たってい る部分、黒くぬったところは、太陽の光が直接当たっていない部分として分けて表した。

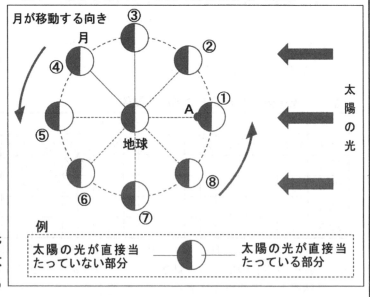

図1　地球の北の方から月の動きをまとめた図

― 調べて
　わかったこと ―

○月は地球の周りを1周 する間に、月が移動す る向きと同じ方向に1 回転している。

○宇宙の中で地球の周 りでは、太陽だけが自 分で光を出している。

○月も地球も、太陽の光 に照らされた部分が太 陽の光を反射して明る く輝いている。

月が移動する向き

月

太陽の光

地球

例

太陽の光が直接当 たっていない部分　　　太陽の光が直接当 たっている部分

(1)　良夫さんの住んでいる千葉市のある場所で空を見上げたとき、①〜⑧の月は、それぞれどのように見えますか。組み合わせとして最もふさわしいものを次の**ア〜エ**の中から１つ選び、その記号を答えなさい。

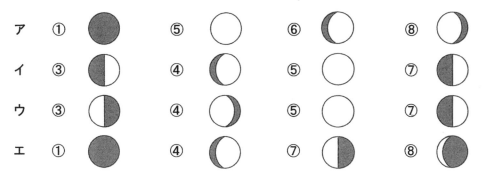

(2)　**図1**①の位置にある月の暗い面上に印**A**を置いたとすると、**図1**⑤の位置では、印**A**はどの位置にありますか。下の図の**ア〜エ**の中から１つ選び、その記号を答えなさい。

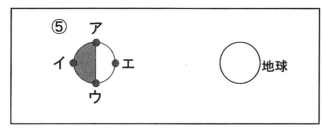

(3)　ある日の夕方、良夫さんが三日月を双眼鏡（そうがんきょう）で見たとき、**図2**のように、太陽の光が直接当たっていないはずの月面をうっすらと見ることができました。それはなぜですか。その理由として最もふさわしいものを次の**ア〜エ**の中から１つ選び、その記号を答えなさい。

図2　三日月の様子

□　月面が光って見えた部分

■　月面がうっすらと見えた部分

ア　月は太陽より小さいので、太陽の光は、光が直接当たっていない月面まで届（とど）くから。

イ　月の表面に当たった光が反射して、光が直接当たっていない月面まで届くから。

ウ　地球に当たった太陽の光が反射して、太陽の光が直接当たっていない月面を照らしているから。

エ　月は地球とちがい、自分で光を出して輝いているから。

K 教英出版

K 教英出版

令和2年度　適性検査Ⅰ

───── 注意 ─────

1　**受検番号と氏名を**問題用紙と解答用紙の決められたらんに記入しなさい。

2　問題は 1 ～ 2 までで、全部で9ページあります。

　　検査開始後に、印刷のはっきりしないところや、ページがぬけているところが
　あれば、手をあげなさい。

3　検査時間は45分間で、終わりは**午前10時25分**です。

4　声を出して読んではいけません。

5　答えはすべて解答用紙に記入し、**問題用紙と解答用紙を提出しなさい。**

6　答えを直すときは、きれいに消してから、新しい答えを書きなさい。

7　**問題用紙と解答用紙は切ったり、折ったりしてはいけません。**

受　検　番　号	氏　　　名

千葉市立稲毛高等学校附属中学校

1 千花さんと良夫さんは学習発表会の準備のため、資料を集めて話をしています。次の文章は二人の会話です。よく読んであとの問いに答えなさい。

千花　この前、かわいそうなウミガメのニュースを見たの。ウミガメが、クラゲと間違えてレジ袋やペットボトルなどのプラスチックを食べて死んだり、プラスチックの破片がおなかにたまって満腹と勘違いして餓死してしまうこともあるんだって。

良夫　世界中で、川や海に大量のごみが流れ込んでいるんだよね。中でも、プラスチックごみの問題は深刻なんだ。

千花　プラスチックは軽くてじょうぶで便利だから、世界中でいろいろなものに使われているんだけど、（　①　）という性質があるそうよ。

良夫　五ミリメートル以下の小さなプラスチックごみをマイクロプラスチックというんだね。マイクロプラスチックは長く海を漂ううえに、（　②　）という性質もあるんだ。

千花　今こうしている間にも、プラスチックごみが生まれているのよね。かわいそうなウミガメをこれ以上増やさないために、③プラスチックごみは、世界全体で減らしていかなければならないのね。わたしたちにできる身近な取り組みはないかしら。

問一　会話中の（　①　）に入る最も適切な言葉を次のア～エの中から選び、記号で書きなさい。ただし、**資料A**のグラフから読み取れることとする。

　　ア　いろいろな種類の生活用品に使われている
　　イ　自然分解されるまでに長い時間がかかる
　　ウ　古いものほど自然分解に時間がかかる
　　エ　人体に有害なものほど自然分解に時間がかかる

問二　会話中の（　②　）に入る最も適切な言葉を、**資料B**から六字以上十字以内でぬき出して書きなさい。

問三　資料Bに書かれている記事の内容として、合っているものをすべて選び、ア〜オの記号で書きなさい。

ア　プラスチックごみの懸念（けねん）はヨーロッパ諸国（しょこく）で特に強まっている。

イ　食物連鎖（れんさ）とは、魚や貝がプランクトンを食べることで、有害物質が濃縮（のうしゅく）されていくことである。

ウ　世界経済（けいざい）フォーラムは、三十四年後までに、海のプラスチックごみの量が魚の重量を上回るという見通しを報告した。

エ　日本からのプラスチックごみが海流によってインドネシア、フィリピンなどに運ばれている。

オ　世界のプラスチックの生産は急激（きゅうげき）に増えており、今後も二十年間で倍増すると予測されている。

問四　波線部③について、今のあなたにできる取り組みを、次の【書くことのきまり】にしたがって十行以上十二行以内で書きなさい。

【書くことのきまり】

1　二段（だんらく）落構成にすること。（段落のはじめは一字下げる）
2　一段落目には、どのような取り組みができるか、具体的に書きなさい。
3　「わたしにできる取り組みは、」に続く形で書きなさい。（字数に合（ふく）まれる）
4　二段落目には、なぜその取り組みがプラスチックごみを減らすことに有効だと考えるのか、理由を書きなさい。二段落目の中で「有効」という言葉を必ず使うこと。
5　句点（。）読点（、）もすべて一字として考えること。ただし、句点や読点が行の始め（一ます目）に来る場合には、前の行の最後のマスに文字と一（いっ）緒（しょ）に入れること。
6　文字やかなづかいを正しく書き、漢字を適切に使うこと。

資料A

海洋ごみが完全に自然分解されるまでに要する年数

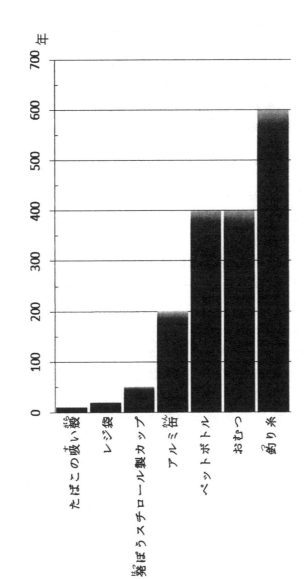

このうちアルミ缶以外はすべて海洋プラスチックごみ

出典　アメリカ海洋大気庁　NOAA/Woods Hole Sea Grant

資料Ｂ　毎日新聞　朝刊　社説　二〇一六年三月二日

「プラスチックごみ　～　海を守る取り組み急げ　～」を一部改編

　世界の海に漂うプラスチックの微細なごみ「マイクロプラスチック」への懸念が全世界的に強まっている。日本近海は特に汚染がひどいとの分析もある。全体像や生態系などへの影響は未解明だが、悪影響がはっきりしてからでは遅い。問題の大きさと広がりを認識し、国際的な取り組みを急ぐべきだ。

　マイクロプラスチックは、レジ袋やペットボトル、漁具などのプラスチックごみが時間をかけて紫外線や波によって砕かれた五ミリメートル以下の微細な断片だ。回収は困難なうえ、分解されず長く海を漂う。

　海に溶け込んでいるポリ塩化ビフェニール（ＰＣＢ）などの有害物質を吸着することも知られている。魚や貝がプランクトンと間違えて食べる結果、有害物質は濃縮され、食物連鎖を通じて生態系や人体に悪い影響を及ぼす恐れがある。

　ドイツで昨年六月にあった主要七カ国首脳会議は「世界的な課題」として効果的で強い対策を呼びかけた。先月には、ダボス会議で知られる世界経済フォーラムが報告書で警告した。海のプラスチックごみの量は「このままでは二〇五〇年までに魚の重量を超える」との内容だ。

　ただしマイクロプラスチック汚染の実情はよくわかっていない。九州・沖合や瀬戸内海、日本海などを調査した九州大が、海水一トン当たり二・四個を採取し、西部の六倍との結果を得た。

　日本近海では中国、韓国、インドネシア、フィリピンなどアジアからのプラスチックごみの流出と海流との影響で、特に密度が高いという分析もある。

　環境省は十五年度から三年間、九州大や愛媛大などと共同で、南極海や東太平洋、日本近海に調査船を出して実態把握に乗り出している。各国に急務の国際協力を進めるうえで、排出削減など対策に向けた取り組みが大問題であること訴え、重要だ。

　身近な取り組みも欠かせない。世界経済フォーラムの報告書は、一昨年の世界の年間プラスチック生産が五〇年前の二〇倍以上の約三億トンに増え、今後二〇年間でさらに倍増すると予測した。世界中でマイクロプラスチックの発生源が急増する。

※微細・・・極めて細かく小さい。
※懸念・・・気にかかって不安に思う。
※主要七カ国首脳会議・・・二〇一五年六月に開かれた。
※世界経済フォーラム・・・二〇一六年一月に報告書を出した。

2 千花さんと良夫さんが夏休みの思い出について話をしています。次の文章は2人の会話です。よく読んであとの問いに答えなさい。

良夫：昨年の夏休みはどこにでかけたの？

千花：わたしは、家族旅行で千葉県南部に海水浴に行ったよ。その途中で、廃校を再利用した①道の駅保田小学校で休憩したんだ。楽しかったな。

良夫：よかったね。わたしは稲毛海浜公園のプールに、友人たちと遊びに行ったよ。せっかくなので海に行って泳ごうとしたけど、いなげの浜は工事中だったんだ。

千花：砂浜も維持や整備が必要なんだね。そういえば、②昔は海岸がもっと内陸にあって、潮干狩りや海水浴などでにぎわう行楽地だったとおじいちゃんが話してたよ。

良夫：今は工事も終わって、白い砂浜になっているね。今年は東京オリンピック・パラリンピックもあって、③千葉市にも多くの外国人が訪れるから、整備されたきれいな海岸を見ていってほしいな。

問1　会話中の下線部①に関する資料1、資料2を見て、ふさわしくない文を次のア～エの中から1つ選び、記号で書きなさい。

ア　平成5年4月に、千葉県ではじめての道の駅として、とみうらが登録された。

イ　保田小学校のある鋸南町は、人口減少率でみると千葉県で第2位になっている。

ウ　南房総市には、道の駅が7か所あり、千葉県の道の駅の約4分の1を占めている。

エ　千葉県内の人口増加率上位5市町村には、道の駅がまだ登録されていない。

資料1　千葉県の道の駅（令和元年10月）

	道の駅名	所在地	登録年月日		道の駅名	所在地	登録年月日
1	とみうら	南房総市	平成5年4月22日	16	オライはすぬま	山武市	平成16年8月9日
2	三芳村	南房総市	平成5年8月10日	17	ながら	長柄町	平成16年8月9日
3	やちよ	八千代市	平成8年4月16日	18	むつざわスマートウェルネスタウン・道の駅・つどいの郷	睦沢町	平成16年8月9日
4	きょなん	鋸南町	平成8年8月5日
5	鴨川オーシャンパーク	鴨川市	平成9年4月11日	19	白浜野島崎	南房総市	平成17年8月10日
6	ローズマリー公園	南房総市	平成10年4月17日	20	南房パラダイス	館山市	平成18年8月10日
7	ふれあいパーク・きみつ	君津市	平成11年8月27日	21	水の郷さわら	香取市	平成22年3月1日
8	しょうなん	柏市	平成12年8月18日	22	風和里しばやま	芝山町	平成23年8月25日
9	たけゆらの里おおたき	大多喜町	平成12年8月18日	23	和田浦WA・O！	南房総市	平成24年9月14日
10	多古	多古町	平成13年8月21日	24	発酵の里こうざき	神崎町	平成26年10月10日
11	あずの里いちはら	市原市	平成14年8月13日	25	季楽里あさひ	旭市	平成27年4月15日
12	くりもと	香取市	平成14年8月13日	26	保田小学校	鋸南町	平成27年4月15日
13	ちくら・潮風王国	南房総市	平成14年8月13日	27	みのりの郷東金	東金市	平成27年11月5日
14	富楽里とみやま	南房総市	平成14年8月13日	28	木更津うまくたの里	木更津市	平成29年4月21日
15	おおつの里	南房総市	平成15年8月8日	29	いちかわ	市川市	平成29年11月17日

資料2　千葉県内の1年間の人口増減率上位5市町村（平成30年）

	市町村名	増加率%
1	流山市	2.7417
2	印西市	2.0719
3	袖ケ浦市	1.2604
4	四街道市	0.9263
5	浦安市	0.8949

	市町村名	減少率%
1	芝山町	2.6561
2	鋸南町	2.5518
3	大多喜町	2.3663
4	勝浦市	2.2279
5	銚子市	2.2278

資料1（国土交通省　関東地方整備局HP「千葉県の道の駅」より作成）

資料2（千葉県総合企画部統計集「千葉県毎月常住人口調査報告書」より作成）

問2　会話中の**下線部②**に関する千葉市内の同じ地点を示した**資料3**、**資料4**を見て、最もふさわしい文を次の**ア〜エ**の中から1つ選び、記号で書きなさい。

資料3　千葉市地図（令和元年　2019年）

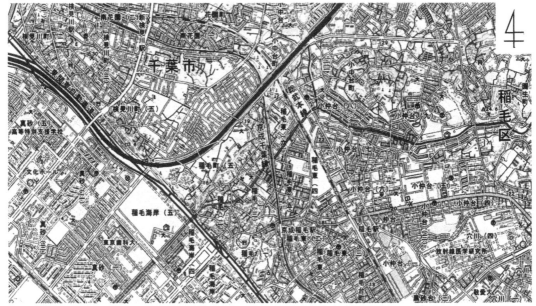

（国土交通省　国土地理院「電子国土基本図」より作成）

資料4　千葉市の航空写真（昭和40年　1965年）

（国土交通省　国土地理院　「空中写真」より作成）

主な 地図記号	○ 区役所	★ 小中学校	⊗ 高等学校	📖 図書館	卄 神社
	卍 寺院	🏠 老人ホーム	⊗ 警察署	Y 消防署	🏣 郵便局

ア　地図中に区役所は2か所あるが、どちらも地図の西側に偏っている。

イ　昭和40年時点の海岸線に沿うように、京成千葉線が走っている。

ウ　昭和40年時点には、東関東自動車道がまだ建設されていない。

エ　昭和40年以降に埋め立てられた地域には、寺院や神社が多く見られる。

問3　会話中の**下線部③**に関して、千花さんは、千葉県の外国人観光客の受け入れに関する課題について興味をもち、**資料5**と**資料6**を見て、あとの文章を作成しました。この文章を読んで、（1）～（3）の問いに答えなさい。

資料5　都道府県別にみる**外国人観光客** (注1) の**訪問率** (注2)、平均泊数および1人あたり旅行中支出（平成30年）

訪問地	訪問率 （％）	平均泊数 （日）	1人あたり旅行中 支出（円/人）	訪問地	訪問率 （％）	平均泊数 （日）	1人あたり旅行中 支出（円/人）
北海道	9.4	4.8	91,043	滋賀県	0.6	1.7	14,266
青森県	0.6	2.9	30,132	京都府	29.7	1.8	26,303
岩手県	0.3	2.1	26,567	大阪府	40.2	2.7	60,516
宮城県	0.8	2.5	37,216	兵庫県	6.3	1.2	16,206
秋田県	0.3	1.9	22,629	奈良県	10.7	0.4	5,587
山形県	0.3	3.1	36,949	和歌山県	1.2	1.8	20,578
福島県	0.2	4.3	37,770	鳥取県	0.4	1.8	23,407
茨城県	0.5	4.8	19,127	島根県	0.3	1.3	17,040
栃木県	1.2	2.1	21,236	岡山県	1.0	2.6	28,046
群馬県	0.4	2.6	23,611	広島県	2.9	2.2	26,462
埼玉県	0.6	5.4	32,314	山口県	0.9	0.9	14,292
千葉県	32.8	0.4	11,915	徳島県	0.3	2.2	25,144
東京都	40.8	4.5	87,709	香川県	1.0	2.6	43,550
神奈川県	6.6	2.1	23,361	愛媛県	0.4	2.1	25,781
新潟県	0.4	3.5	47,629	高知県	0.2	1.9	22,844
富山県	1.2	1.5	11,972	福岡県	11.4	2.5	54,657
石川県	2.1	1.8	20,442	佐賀県	1.2	1.1	17,770
福井県	0.1	2.1	14,775	長崎県	2.0	1.2	18,509
山梨県	5.3	1.1	13,641	熊本県	2.2	1.2	15,029
長野県	2.9	2.7	35,736	大分県	5.1	1.0	15,164
岐阜県	3.1	1.5	20,350	宮崎県	0.7	2.0	25,073
静岡県	4.4	1.7	15,985	鹿児島県	1.3	3.1	47,270
愛知県	7.6	2.4	39,707	沖縄県	8.2	4.0	71,355
三重県	0.5	3.2	24,547				

（国土交通省　観光庁　「訪日外国人消費動向調査」より作成）

※各項目の色をつけた部分は、その数値が上位10位までであることを表している。

注1　観光・レジャー目的で日本を訪れた外国人のことである。

注2　日本を訪れた外国人観光客が、その都道府県を訪れた割合のことである。（複数の都道府県を訪れる場合もある）

資料６　空港別乗降客数の割合（国際線）とその位置（平成30年）

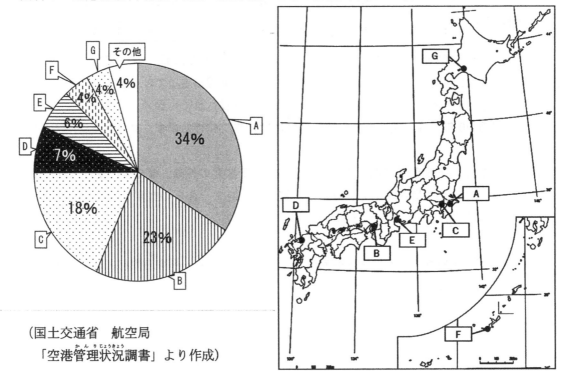

（国土交通省　航空局
「空港管理状況調書」より作成）

千花さんが作成した文章

　　２つの資料を比較してわかったことは、（　**a**　）都道府県には、国際線の乗降客数が上位の空港のある都道府県が多いことです。また、**資料５**から千葉県と同じ特徴をもつ県には、近畿地方の（　**b**　）県を挙げることができます。どちらも（　**a**　）にも関わらず、（　**c**　）という特徴があります。

（１）　上の文中の（　**a**　）と（　**c**　）の内容としてふさわしいものを、次の**ア〜カ**の中から**a**は１つ、**c**は２つ選び、記号で書きなさい。

　　ア　訪問率が高い

　　イ　平均泊数が多い

　　ウ　１人あたり旅行中支出が多い

　　エ　訪問率が低い

　　オ　平均泊数が少ない

　　カ　１人あたり旅行中支出が少ない

（２）　上の文中の（　**b**　）として最もふさわしい県名を漢字で書きなさい。

（3）　千花さんは（1）の **c** を千葉県の外国人観光客の受け入れに関する課題だと考えました。この課題を解決するために、次の図にその原因と対策をまとめました。図中の空欄 **d** と空欄 **e** の内容として最もふさわしいものをあとの選択肢の中からそれぞれ1つずつ選び、記号で書きなさい。

図　千葉県の観光の課題についての原因と対策

```
                    ┌────────────────────────────────────────────┐
                    │  原因：d                                    │
                    └────────────────────────────────────────────┘
            ┌───────────────────────────────────────────────────────┐
            │  対策：房州うちわなどの伝統工芸品を作って学べる場所を増やす。│
            └───────────────────────────────────────────────────────┘
            ┌───────────────────────────────────────────────────────┐
  ╭─────╮   │  対策：地引き網漁に参加して捕った魚を食べるツアーを企画する。│
  │課題 c│   └───────────────────────────────────────────────────────┘
  ╰─────╯   ┌───────────────────────────────────────────────────────┐
            │  対策：外国人がより利用しやすいタクシーサービスを提供する。│
            └───────────────────────────────────────────────────────┘
            ┌───────────────────────────────────────────────────────┐
            │  対策：e                                               │
            └───────────────────────────────────────────────────────┘
                    ┌────────────────────────────────────────────┐
                    │  原因：千葉県内の観光地は自動車でないと行きづらく、│
                    │        外国人観光客にとって不便だ。          │
                    └────────────────────────────────────────────┘
```

空欄 d の選択肢（1つ選択する）

ア　千葉県の観光情報を得る手段が少なく、どんな施設があるかわからない。

イ　千葉県の観光地で、通訳を通さずに、積極的に会話をできる人が少ない。

ウ　千葉県の伝統的な産業や文化を活かした体験の活動ができる場所が少ない。

エ　千葉県の飲食店には、様々な国の人に対応した食事を提供する場所が少ない。

空欄 e の選択肢（1つ選択する）

オ　駅や電車内で、無料でインターネットを利用できるよう設備を整える。

カ　バスの本数を増やし、県内の観光地へ乗り換えせずに行けるようにする。

キ　観光地で買い物をする時に、現金以外の手段で支払えるようにする。

ク　成田空港から国内の他の空港に行くことができる飛行機の本数を増やす。

令和2年度　**適性検査Ⅱ**

受　検　番　号	氏　　　　名

千葉市立稲毛高等学校附属中学校

1　太郎さん、次郎さん、花子さんの3人は、丘の上の公園に遊びに行きました。次の問いに答えなさい。

問1　丘の上の公園に行く途中に50段の階段がありました。その階段は、2段ごとに色がぬられており、4段ごとにライトがあります。ここで花子さんは、**図1**のように3段ごとに石を置いていき、色のついた階段とライトと石とがいっしょになる階段があるかを調べていくことにしました。色のついた階段とライトと石とがいっしょになるのは何段目になるかをすべて答えなさい。

図1

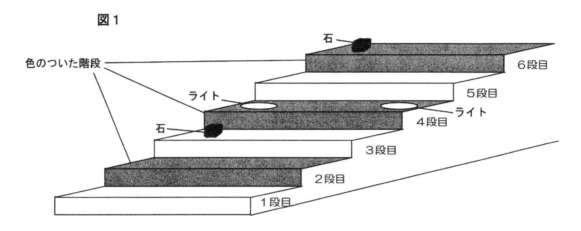

問2　丘の上の公園に着くと、はじめに、太郎さんと次郎さんと花子さんは砂場で遊びました。太郎さんと次郎さんと花子さんは、立ち幅とびを行い、5日間の記録を**表1**のようにまとめました。5日目（今日）の太郎さんの記録は185 cm、次郎さんの記録は178 cmです。花子さんは何cm以上とべたら3人の中で最も平均が高くなるか、整数で答えなさい。ただし、次郎さんは2日目がお休みだったので斜線にしてあります。

表1　立ち幅とびの記録

名前＼記録を測った日にち	1日目	2日目	3日目	4日目	5日目（今日）
太郎さん	181 cm	160 cm	166 cm	190 cm	185 cm
次郎さん	170 cm		182 cm	175 cm	178 cm
花子さん	191 cm	175 cm	165 cm	179 cm	？

問3　次に、太郎さんたちは、ふん水広場に来ました。**図2**のように、A、Bのふん水が
　　あります。この2つのふん水は、何分かおきに毎回一定の量の水をふき上げるしくみ
　　になっています。Aのふん水は1時間に25回、Bのふん水は1時間に16回ふき上げ
　　ます。1時間でそれぞれがふき上げたすべての水の量の比は、A：B＝15：8です。
　　A、Bのふん水がふき上げる1回分の水の量の比を、できるだけ小さな整数の比で答
　　えなさい。

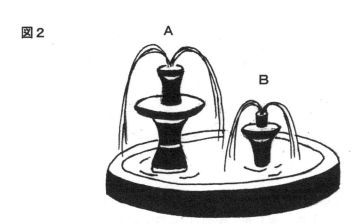

図2

問4　太郎さんたちは、**図3**のような一輪車広場で遊ぶことにしました。次の(1)〜(2)の
　　問いに答えなさい。

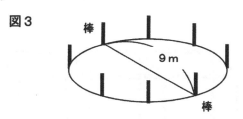

図3

棒

9 m

棒

(1)　太郎さんは、**図3**の直線のように9mはなれた棒から棒へ一輪車に乗ってまっすぐ
　　に進みます。一輪車の車輪の半径は29.8cmです。このとき、この車輪は何回転まで回
　　り終わっているか、整数で答えなさい。ただし、円周率は3.14とします。

(2) この一輪車広場を上から見ると**図4**のような円になっています。円周上に等間隔に8本の棒が立っています。このうち3本を結んで三角形になるように一輪車で走ります。そのときにできる5種類の三角形をすべてかきなさい。ただし、回したり裏返したりして重なる三角形は、1種類と考えます。（三角形は定規を使ってかきなさい。）

図4

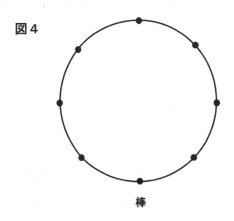

棒

問5　太郎さんは家に帰って、竹ひごとねん土玉を使ってジャングルジムのような立体の模型を作ってみようと思いました。次の(1)～(3)の問いに答えなさい。

(1) 立方体3個を、**図5**のように横に並べました。このとき、必要な竹ひごの本数を求める式①～③について、どのような考えで式に表したのか、**ア**～**ウ**の記号で答えなさい。

図5

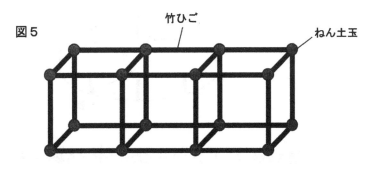

竹ひご

ねん土玉

① 12×3－8

② 10×2＋8

③ 12×2＋4

ア	左右の立方体の竹ひごの本数と、それらを結ぶ竹ひごの本数を考えた
イ	立方体3個分の竹ひごの本数と、重なり部分の本数を考えた
ウ	上下の面の竹ひごの本数と、その面に垂直な柱のような竹ひごの本数を考えた

(2) 　図6のように、立方体を横に1個ずつ増やして並べていきます。立方体を13個並べ
　　たとき、全部で何本の竹ひごが必要になるか答えなさい。

図6

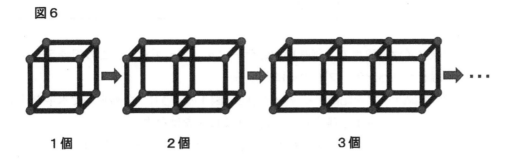

1個　　　　　　　2個　　　　　　　3個

(3) 　太郎さんがさらに立方体を作ろうとしたとき、長さをそろえる前の竹ひごを落とし
　　てしまいました。図7のように、1辺21cmの正方形に竹ひご2本が重なったとき、色
　　のついた部分の面積は何cm²になるか答えなさい。ただし、竹ひごの太さは考えないも
　　のとします。

図7

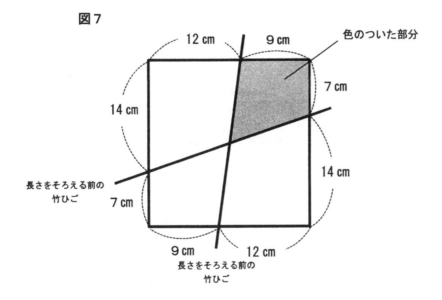

－ 4 －

2

問1　スイッチを入れると、一定の時間で記録テープに打点することができる機械（記録
　　タイマー）があります。これを利用すると、運動する物体の速さを測定することがで
　　きます。次の(1)～(4)の問いに答えなさい。

【実験１】
　①　記録タイマー専用の、細長い記録テープを 1.5m用意し、この記録テープの
　　　一端をセロハンテープで台車にとめる。
　②　①の記録テープを記録タイマーに通し、図１のように、なめらかで水平なゆか
　　　の上で、手で台車を軽くおした後、すぐに手をはなす。
　③　台車はゆかの上をすすみ、台車の運動が記録テープに記録される。

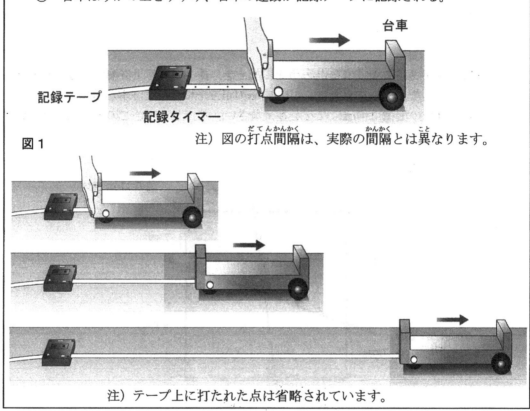

図１　　　　注）図の打点間隔は、実際の間隔とは異なります。

注）テープ上に打たれた点は省略されています。

(1)　図１のように、台車を手で軽くおしたあと、手をはなすと台車はある一定の速さです
　　すんでいった。このとき、台車の運動とともに、記
　　録テープが記録タイマーを通過し、記録テープ上に
　　0.02秒ごとに点が打たれた。
　　　右の図２のように、この一定の速さになって
　　いるテープの一部を切り取ると、となりあう打点ど
　　うしの距離が３cmであった。図２から台車は、秒速
　　何cmですすんでいったといえるか答えなさい。

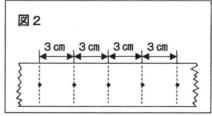

図２

注）「一定の速さ」とは、ある同じ速さのまま、速さが変わらずに運動し続けることです。

令和2年度　適性検査Ⅰ　解答用紙

1

問一

問二

問三

問四

受検番号	
氏　名	
得　点	

(配点非公表)

2 問1

問2

問3　（1）　a

c

（2）　b　　　県

（3）　d

e

（配点非公表）

受検番号		氏名	

【解答】

受検番号		氏名		得点	

2

問1 (1) 秒速 [ ] cm

(2) [ ]

(3) [ ]

(4) [ ]

問2 (1) [ ]

(2) [と] [と]

(3) [ ] g

1

問1
　　　　　　　　　　　　　　　　　　　　　　　　　　　　段目

問2
　　　　　　　　　　cm以上

問3
　　　　　　：

問4　(1)
　　　　　　　　　回転

(2)

問5　(1)
①　　　　　　②　　　　　　③

(2)
　　　　　　本　　(3)
　　　　　　cm³

教英出版

【解答】

10

K 教英出版

【解答

【実験2】
① 新しい記録テープに付けかえて、**実験1**のときより、台車をはじめにおす力を強くして台車をすすませる。
② **実験1**で得られた結果と①で得られた結果を比較する。

(2) **実験2**では、手をはなしたあと**実験1**のときと同じように、一定の速さですすんでいったが、そのすすむ速さは**実験1**のときよりも速かった。このとき、記録テープの打点はどのようになると考えられるか。**実験1**のテープと比べて最もふさわしいものを、次の**ア〜エ**の中から1つ選び、記号で書きなさい。

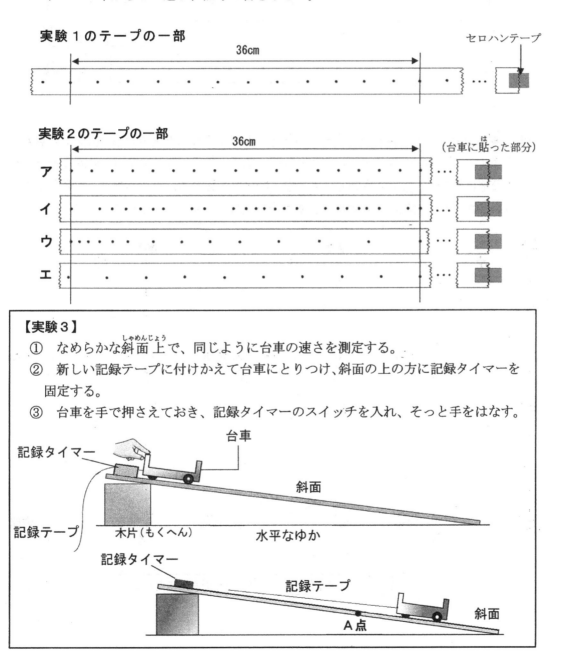

【実験3】
① なめらかな斜面上で、同じように台車の速さを測定する。
② 新しい記録テープに付けかえて台車にとりつけ、斜面の上の方に記録タイマーを固定する。
③ 台車を手で押さえておき、記録タイマーのスイッチを入れ、そっと手をはなす。

(3) 実験3では、手をはなしたあと、台車が斜面にそってすすむ間、台車の速さはどんどん速くなっていった。実験3では記録テープの打点はどのようになると考えられるか。最もふさわしいものを、次の**ア〜エ**の中から1つ選び、記号で書きなさい。このとき、斜面の長さは、記録テープの長さよりも十分長いものとする。

（台車に貼った部分）

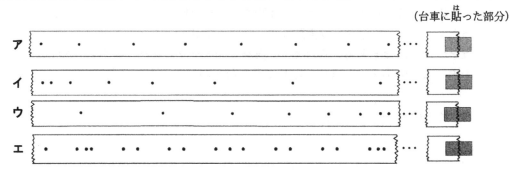

(4) 実験3において、斜面の上で台車からそっと手をはなしたときから、斜面上の点Aを通過するまでの、台車のすすむ速さと時間の関係を表すグラフの形は、おおよそのような形になるか。最もふさわしいものを、次の**ア〜カ**の中から1つ選び、記号で書きなさい。ただし、縦軸の速さは秒速、横軸の時間は秒を示しているものとする。

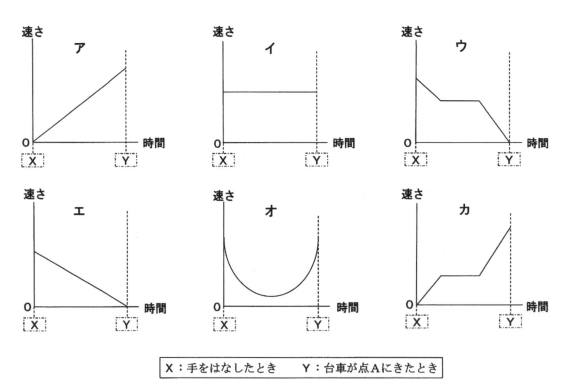

X：手をはなしたとき　　Y：台車が点Aにきたとき

問2 千花さんと良夫さんは、理科の授業で、同じ温度の水に砂糖をとかして、それぞれ砂糖水を作りました。下の会話文を読んで、次の(1)～(3)の問いに答えなさい。

千花：わたしのビーカーに入れた砂糖は全部とけたよ。良夫さんはどうかな？

良夫：ぼくのビーカーに入れた砂糖も全部とけたよ。

千花：あっ、本当に全部とけたね。わたしよりもたくさんの砂糖を入れたのに、とけているね。すごいね。

良夫：でも、ぼくは千花さんとくらべて、ビーカーに砂糖もたくさん入れたけど、水もたくさん入れたから、よくとけたのだと思うよ。

千花：わたしは、水42gに砂糖18gとかしたよ。良夫さんは？

良夫：ぼくは、水70gに砂糖30gとかしたよ。

千花：ビーカーに入っている砂糖水は、両方ともとう明だけど、どちらが濃いのかな？

良夫：ぼくの方がたくさんの砂糖をとかしたから、きっと濃いと思うよ。

千花：本当かなあ・・・。図書室で調べてノートにまとめてみよう。

＜千花さんのノート＞

食塩や砂糖など、ある物質がとけている水のことを水よう液といいます。

水よう液の重さは、水の重さととけている物質の重さの和になります。

水よう液の濃さを比べるためには、水よう液の量に対するとけている物質の量の割合で比べます。

水よう液の濃さは、次の式で求められます。

$$水よう液の濃度（\%）= \frac{とけている物質の重さ（g）}{水よう液の重さ（g）} \times 100$$

＜例＞ 水40gに、食塩10gをとかしたときの 水よう液の濃度

$$水よう液の濃度（\%）= \frac{10（g）}{40+10（g）} \times 100 = 20（\%）$$

☆ただし、とけずに残った物質がある場合、その重さは、とけている物質の重さや、水よう液の重さには加えません。

---

(1) 千花さんの砂糖水の濃さと良夫さんの砂糖水の濃さは、どのような関係だと考えられるか。次のア～ウの中から1つ選び、記号で書きなさい。

　　ア　千花さんの砂糖水よりも良夫さんの砂糖水の方が濃い。

　　イ　良夫さんの砂糖水よりも千花さんの砂糖水の方が濃い。

　　ウ　千花さんの砂糖水と良夫さんの砂糖水の濃さは同じ。

千花さんは、水にとけている物質の量や水よう液の濃度に興味をもったので、夏休みの自由研究で、もののとけ方についてさらにくわしく調べました。下の文は、そのときの千花さんの自由研究を簡単にまとめたものです。

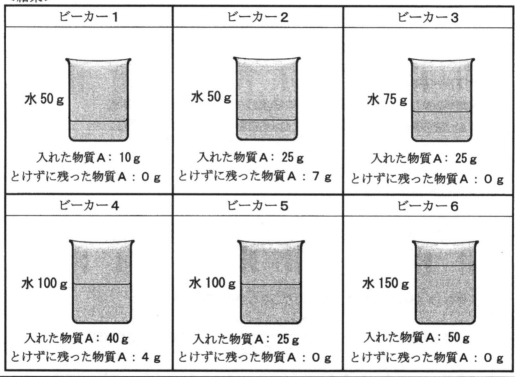

<千花さんの自由研究①>

【実験1】

<目的> 20℃の水に物質Aがどのくらいとけるのかを調べる。

<方法> ① ビーカーを6つ用意し、ビーカー1～ビーカー6とする。
　　　　② 水と物質Aの重さを変えて、物質Aを少しずつ水に入れ、よくかき混ぜる。そして、物質Aがとけるのかを観察する。
　　　　③ 結果を表にまとめる。

<結果>

ビーカー1	ビーカー2	ビーカー3
水 50 g	水 50 g	水 75 g
入れた物質A：10 g とけずに残った物質A：0 g	入れた物質A：25 g とけずに残った物質A：7 g	入れた物質A：25 g とけずに残った物質A：0 g
ビーカー4	ビーカー5	ビーカー6
水 100 g	水 100 g	水 150 g
入れた物質A：40 g とけずに残った物質A：4 g	入れた物質A：25 g とけずに残った物質A：0 g	入れた物質A：50 g とけずに残った物質A：0 g

(2) 千花さんがおこなった**実験1**において、水よう液の濃度が同じものはどれとどれだと考えられるか。ビーカー1～6から2組選び、記号で書きなさい。

<千花さんの自由研究②>
【実験2】

<目的>　物質Aのかわりに、ミョウバンを用いて、そのとけ方について調べる。

<方法>　①　ビーカーに30℃の水40gを入れる。
　　　　②　ミョウバン5gを加えて、よくかきまぜる。
　　　　③　ビーカーのようすを観察する。

<結果>　②では、ミョウバンはすべてとけた。
　　　　③では、ビーカー内の水よう液を観察したら、とう明のままだった。

(3)　千花さんがおこなった**実験2**の水よう液に、さらにミョウバン7gを加えたところ、ミョウバンはすべてはとけず、一部がビーカーの底に残りました。そこで、千花さんは、温度を上げればミョウバンはとけると考え、お湯10gを加えて、水よう液の温度を35℃にしました。しかし、まだミョウバンはすべてはとけずに残っていました。このとき、とけずに残ったミョウバンは何gだと考えられるか。千花さんが本で見つけた下の**表**を参考にして答えなさい。ただし、水の自然蒸発はないものとする。

表　100gの水にとけるミョウバンの量

温度 （℃)	とけるミョウバンの量 （g）
0	5.7
5	6.5
10	7.6
15	9.3
20	11.4
25	14.1
30	16.6
35	20.0
40	23.8
45	29.2
50	36.4

注1）物質のとける量は、水の量に比例するものとする。

注2）表中の「とけるミョウバンの量」とは、ミョウバンがすべてとけて、水よう液の中に残らない最大の量を示している。

平成 31 年度　適性検査Ⅰ

受　検　番　号	氏　　　　名

千葉市立稲毛高等学校附属中学校

1　二〇二〇年には東京でオリンピック・パラリンピックが開かれるなど、日本では、これからますます国際化が進んでいくことが予想されます。そこで鈴木さんのクラスでは、 A ～ D の資料を見て、これから国際理解を進めていくために大切なことについて班ごとに意見を発表することになりました。 E はそのときの【話し合いの様子の一部】です。これを読んで、あとの問いに答えなさい。

A 　国際化が最も進んでおり、国際化を最も進めているのは情報の世界です。

　メディアである新聞や雑誌は毎日のように外国の情報を大きく伝え、テレビは世界中の事件や政治家の※動向、芸術・芸能活動、暮らしや風景の映像を映します。

　とくにパソコンとインターネットは私たちの情報生活を大きく変えました。メールをやり取りし、ホームページを※閲覧するなどは、私たちの生活の一部に溶け込んでいます・・・

【中略】

　外国人とやりとりする際のコミュニケーション能力には、いろいろなものがあります。もちろん語学も必要ですが、海外で生活したり、外国人と仕事のやりとりをしたりするときに大切なのは、自分と違うもの、※異質なものを受け入れる※柔軟性です。

【中略】

　相手に関心を持っていることを示す態度も重要です。相手の目を見て、相づちなどでしっかり話を聞いていることを表します。もちろん、腕をつないだり、足を開いたり、投げ出したりして話を聞くのではコミュニケーション能力はマイナスで、相手に悪い感情を与えます。

　また、コミュニケーション能力は、相手を知りたい、理解したいと思う気持ちと同じで、自分のことを知ってほしいという熱意があるかどうかでも大きく左右します。

（「英語以前に身に付けたいこと」坂東眞理子 著より　問題作成のため一部改編）

※動向・・・現在の行動の様子や将来の方向。動き。
※閲覧・・・書物や書類などを調べたり、読んだりすること。
※異質・・・性質が違うさま。
※柔軟性・・・さまざまな状況に対応できること。

世界の言語別使用人口

順	言語名	使用人口 （単位100万人）
1	中国語	845
2	スペイン語	329
3	英語	328
4	アラビア語	221
5	ヒンディー語	182
6	ベンガル語	181
7	ポルトガル語	178
8	ロシア語	144
9	日本語	122
10	パンジャビ語	91

（ THE ALMANAC 2013 より ）

D

公用語に使われている国の数

言語	国の数（カ国）
英語	54
フランス語	27
アラビア語	23
スペイン語	20
ポルトガル語	8
ドイツ語	6
イタリア語	4
中国語	3

（ 藤田千枝編／坂口美佳子「くらべてわかる世界地図5
文化の世界地図」 より ）

B

※視野・・・・物事を考えたり、判断したりする範囲。

※寛容・・・・心が広くて、よく人の言動を受け入れること。

著作権に関係する弊社の都合により
本文は省略いたします。

教英出版編集部

（「国際理解教育と人権」 大阪市小学校国際理解教育研究会 より ）

- 2 -

鈴木　これから「国際理解を進めていくために大切なこと」について、Ｆの班の意見をこうりゅうする。話し合いたいと思います。まず、資料からみなさんが考えたことを発表してください。それでは、佐藤さんからお願いします。

佐藤　私は、情報化が大切だと思います。Ａにあるように、インターネットの利用は急速に広まっています。それはインターネットを使えると便利だし、家にいたままで世界中の情報を知ることができるからです。

鈴木　なるほど、そうですね。青木さんはどのようなことを考えましたか。

青木　私は、ＡとＢの二つの資料から、文化や価値観などの　①　が大切だと思います。そのためには、相手を理解し、自分のことも理解してもらえるように、コミュニケーション能力を高める必要があります。Ａにあるように、相手のことだけでなく、　②　も重要だと考えます。

鈴木　山田さんはどうですか。

山田　私も、国際理解を進めていくために、コミュニケーション能力を高めることが大切だと思います。そのために、英語を話せるようになることが効果的だと思います。

鈴木　たくさんある言語の中から、なぜ英語を話せることが効果的だと考えるのですか。

山田　それは、　③

鈴木　でも、英語を話せるようになるのはなかなかむずかしいですよね。山田さんはどうやったら英語を話せるようになると思いますか。そして、英語を使ってどんなことをしたいですか。

山田　│　④　│

（後略）

問一 ① ② にあてはまる言葉を資料Ａ・Ｂから抜き出し、それぞれ**十五字程度**で書きなさい。

問二 山田さんは、鈴木さんの質問に資料ＣとＤを使って答えました。 ③ に当てはまるように、次の【書くときの決まり】にしたがって、**八十字以上一〇〇字以内**で書きなさい。

【書くときの決まり】

1 解答用紙の一行目は、**一マス目から**書くこと。

2 資料ＣとＤの**両方**の内容にふれて書くこと。

3 句点（。）読点（、）もすべて一字として考えること。

問三 鈴木さんの質問に、山田さんは「英語を使って国際理解のためにしたらいい」を答えました。あなたが、山田さんになったつもりで、 ④ にあてはまる内容を答えなさい。

次の【書くときの決まり】にしたがって、**十二行以上十四行以内**で書きなさい。

【書くときの決まり】

1 二段落構成にすること。（段落のはじめは、一字下げる）

2 「私は」（字数にふくむ）から書き出しなさい。

3 一段落目には、どのように英語を話す力を身につけるか、**具体的な方法**を交えて書きなさい。

4 二段落目には、英語を使ってどのようなことをしたいと思うのか、次の⑦〜⑨から**一つだけ**選び、その内容についてくわしく書きなさい。ただし、選んだ内容は解答用紙の表に丸をつけること。

　　⑦ **文化や歴史を学ぶ**

　　① **外国を旅行する**

　　⑦ **ボランティア活動をする**

5 二段落目には、「**国際理解**」という言葉を使うこと。

6 2・5の指定された言葉を使用するときは、解答らんに「 」は書かないこと。

7 句点（。）読点（、）もすべて一字として考えること。ただし、句点や読点が行の始め（一マス目）にくる場合は、前の行の最後のマスに文字と一緒に入れること。

2 千花さんと良夫さんは、夏休みの自由研究について会話をしています。

千花：夏休みの自由研究では、何を調べましたか。

良夫：わたしは、海外でブームになっている①日本食にしました。資料1を見ると、（ ⓐ ）では、日本食レストランの店舗数が2年間で約2倍に増えていて、2015年時点では最も多いことがわかります。

千花：そうなのですね。わたしは、千葉県の特産品であるしょう油について興味をもちました。資料3を使って、②各都道府県で生産されたしょう油の出荷先について調べ、特徴をつかみました。

良夫：他には、どのようなことがわかったのですか。

千花：国内では、しょう油の消費量が年々減少していることがわかりました。

良夫：そうなのですか。米の消費量も国内では年々減少しているみたいです。これは③日本人の食生活が洋風に変わってきたからでしょうか。

千花：調べてみると、（ ④ ）。しょう油の消費量は減っていますが、⑤日本から海外への輸出量は増えているようです。

問1　会話中の下線部①に関する資料1、資料2を見て、あとの(1)(2)に答えなさい。

資料1　主な国と地域の日本食レストランの店舗数

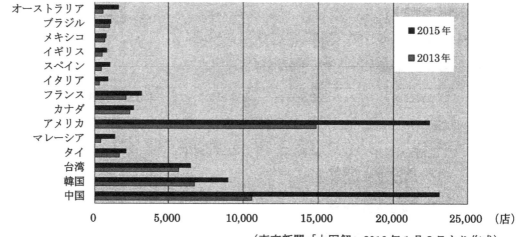

（東京新聞「大図解」2016年1月3日より作成）

資料2　世界地図

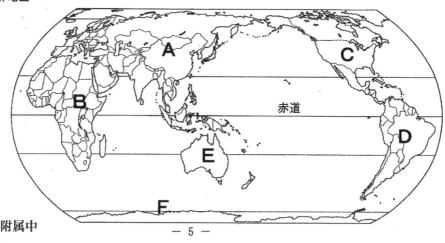

問1　6月21日の8時、10時、12時、14時、16時に1mの棒のかげを地面に書くと、どのようになりますか。次のア〜エの中から最もふさわしいものを1つ選び、記号で書きなさい。

ア 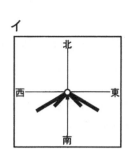　　イ 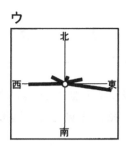　　ウ　　エ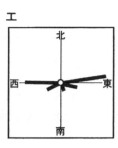

問2　9月23日のかげを調べると、ラグビーのゴールポストのまっすぐ立つ2本の柱が作るかげが重なる時刻があります。「かげが重なる時刻」とそのときの「柱1本のかげの長さ」として、ふさわしいものを1つずつ選び、記号で書きなさい。

【かげが重なる時刻】
　　ア　9時から10時のあいだ　　　　イ　10時から11時のあいだ
　　ウ　12時から13時のあいだ　　　　エ　13時から14時のあいだ

【柱1本のかげの長さ】
　　オ　3mから6mのあいだ　　　　　カ　7mから10mのあいだ
　　キ　11mから14mのあいだ　　　　ク　15mから18mのあいだ

あ き ら：お兄さんが通っている稲毛高等学校附属中学校の中庭には大きな木があるね。
　　　　　下から見ると、葉が上の方にたくさんついているね。
お兄さん：植物は葉ででんぷんを作るから、葉のつき方に特徴があるかもしれないよ。
あ き ら：ヒマワリやアジサイ、ホウセンカはどんな特徴があるのか、調べてみよう。

　　あきらさんは、【方法１】のように葉のつき方を調べました。あとの問いに答えなさい。

【方法１】
（１）ヒマワリとアジサイの葉に①、②、③……と番号を書いたシールを上から順にはる。
（２）上から見た図、横から見た図、特徴をまとめる。

【方法１】で調べたヒマワリとアジサイの葉のつき方

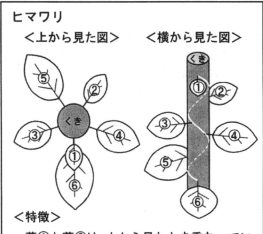

ヒマワリ
＜上から見た図＞　＜横から見た図＞

<特徴>
　葉①と葉⑥は、上から見たとき重なっていた。また、葉①から葉⑥までで、くきのまわりを２周していた。

アジサイ
＜上から見た図＞　＜横から見た図＞

<特徴>
　同じ高さにある葉が２枚あり、ちょうど真向かいについていた。上から見ると葉①と葉②、葉②と葉③は９０度ずれていた。

※横から見た図では、くきのうら側で見えないものは書いていない。

問３　図１のように、同じ高さに葉がついていない植物を真上から見たとき、となり合う２枚の葉とくきの中心を結んだ角を開度といいます。たとえば、【方法１】で、あきらさんが調べたヒマワリの開度は、144度です。

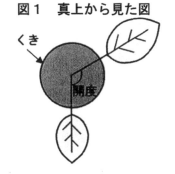

図１　真上から見た図

くき

開度

　あきらさんがホウセンカの開度を調べたところ、135度でした。ホウセンカの葉の特徴を説明した下の文の　あ　に適する葉の番号（②、③……など）のうち一番小さいものを入れなさい。また、　い　に適する数を入れなさい。

　ホウセンカの葉を【方法１】で調べると、上から見たとき、葉①と最初に重なるのは、葉　あ　である。また、葉①から葉　あ　までで、葉はくきのまわりを　い　周している。

あきらさんはさらにくわしく葉のつき方を調べるために、【方法２】を考えました。あとの問いに答えなさい。

【方法２】
（１）【方法１】のアジサイを使って、葉①がくきについているところから、まっすぐに根の方へ線を引く。
（２）くきについているところの近くで葉を切る。
（３）（１）で引いた線に合わせて、くきにとうめいなセロハンを１回まきつける。セロハンの四隅（よすみ）にはＡＢＣＤの記号を入れて向きがわかるようにしておく。
（４）葉がついていたところに、油性ペンでしるしをつけ、その近くに葉の番号①、②…を書く。その後、セロハンを開く。

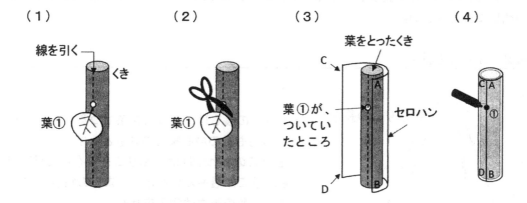

（１）　　　　　　　（２）　　　　　　　（３）　　　　　　　（４）

【方法２】で調べたアジサイの葉①から葉③のあと

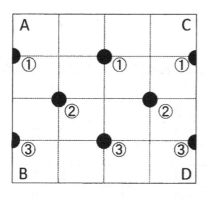

● 油性ペンのしるし

※セロハンにしるした、たて線は、くきの円周をいくつかに等分したところを表す線です。
　横線は、葉がくきについているところの高さを表す線です。

問４　あきらさんが【方法１】で調べたヒマワリの葉①から葉⑥を【方法２】で調べると、くきのまわりにまきつけたセロハンには、どのようなしるしがつきますか。解答らんの図に「油性ペンのしるし」と「葉の番号」を書きなさい。ただし、くきはまっすぐで、太さは均一とします。また、セロハンの四隅のＡＢＣＤの記号と、葉①および葉⑥の油性ペンのしるしは図に書いてあります。

あきらさんは、家にもどり、自由研究でふりこについて調べました。

お兄さん：研究の目的は何にしたの。

あ き ら：ふりこの長さ、おもりの重さ、ふりこのふれはばの条件を変えて、ふりこが1往復する時間が変わるか、調べてみたよ。結果を**表1**にまとめてみたんだ。

お兄さん：条件を変えてたくさん実験をしたね。どんなことがわかったの。

あ き ら：たとえば、**実験1**から**実験7**のうち、　あ　の3つの実験を比べると、　い　ことがわかるよ。

お兄さん：条件を変えながら、たくさん実験をしたことで、いろいろなことがわかったね。

下の**図2**はふりこを説明したものです。また、**表1**はあきらさんの実験結果です。あとの問いに答えなさい。

図2　ふりこの説明

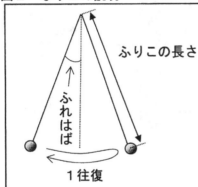

・ふりこの長さは、ふりこを糸でつるしたところからおもりの中心までの長さとします。
・ふりこのふれはばは、ふりこをつるした真下からふりこが最もふれたところまでの角度です。また、糸の重さは考えません。

表1　あきらさんの実験結果

	ふりこの長さ （cm）	おもりの重さ （g）	ふりこのふれはば （度）	1往復する時間 （秒）
実験1	80	20	10	1.8
実験2	130	20	10	2.3
実験3	130	40	10	2.3
実験4	130	60	10	2.3
実験5	130	20	20	2.3
実験6	130	20	30	2.3
実験7	200	20	10	2.8

※ふりこのおもりはすべて同じ大きさで、重さだけ違うものにした。

問5　実験1から実験7のうち、3つの実験を選んで比べることでわかることがいくつか
　　あります。会話文に合うように、　あ　に実験1から実験7の中から実験の番号を3
　　つ選び書きなさい。また、　い　には、　あ　で選んだ3つの実験の結果を比べるこ
　　とで、わかることを書きなさい。

問6　あきらさんは、図3のように、実験1から実験7で作ったふりこのいずれかを天じ
　　ょうからつるし、その真下にくぎを打って、ふりこが1往復する時間を調べました。
　　　ふりこのふれはばが、10度の点Aから手をはな
　　したところ、ふりこの糸はくぎに当たり、点Bまで
　　ふれてから点Aのほうにもどってきました。その際、
　　ふりこが1往復する時間は2.3秒でした。
　　　天じょうから何 cm のところにくぎを打ちました
　　か。表1の実験結果をもとに答えなさい。

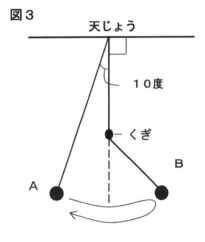

図3

－ 10 －

平成 31 年度　適性検査Ⅱ

注意

1　**受検番号と氏名**を問題用紙と解答用紙の決められたらんに記入しなさい。
2　問題は 1 〜 2 までで、全部で 10 ページあります。
3　検査時間は 45 分間で、終わりは**午前 11 時 40 分**です。
4　声を出して読んではいけません。
5　答えはすべて解答用紙に記入し、**解答用紙だけを提出**しなさい。
6　答えを直すときは、きれいに消してから、新しい答えを書きなさい。
7　**問題用紙と解答用紙は切ったり、折ったりしてはいけません。**

受　検　番　号	氏　　　名

千葉市立稲毛高等学校附属中学校

1 太郎さん、次郎さん、花子さんの３人は市内の陸上大会の応えんに行きました。次の問いに答えなさい。

問１ ３人が陸上競技場に向かうとちゅうには、図１のように通路にそって、長さ１２０mの動く歩道がありました。また、動く歩道は２人が並んで移動するのに十分なはばがあります。

図1

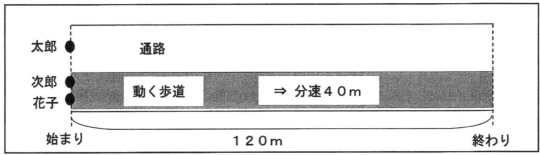

３人の歩く速さは分速８０mで、動く歩道で矢印（⇒）の方向に進む速さは分速４０mです。どちらの場合も速さはいつも同じとします。３人が下の【条件】で１２０m移動するとき、あとの(1)(2)に答えなさい。ただし、動く歩道を利用し始めたり利用し終えたりするときの、時間はかからないものとします。

┌───┐
【条件】 太郎さんは動く歩道を利用せずに、通路を歩いて移動します。
　　　　 次郎さんは動く歩道を利用して歩いて移動します。
　　　　 花子さんは動く歩道を利用して、歩かずに乗って移動します。
└───┘

(1) 図２は、３人が始まりの地点から同時に移動したときの時間ときょりの関係をグラフにしたものです。花子さんにあてはまるグラフはア～ウのどのグラフになりますか。記号で書きなさい。

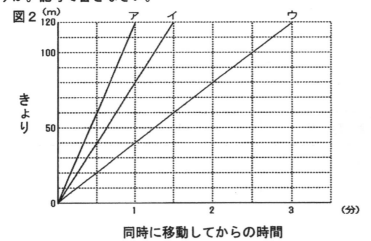

同時に移動してからの時間

(2) ３人が始まりの地点から同時に移動し、太郎さんが５０mの地点に着いたとき、次郎さんと花子さんは始まりの地点からそれぞれ何m移動していますか。

問2　太郎さん、次郎さん、花子さんは、4つの中学校A、B、C、Dの受賞の状況を表1にまとめたものです。表1から、A中学校の受賞した種目の数は、1位が2個、2位が1個、3位が3個、合計が6個であることがわかります。いま、3人はこの表1をもとに話し合っています。あとの(1)～(3)に答えなさい。

太郎：受賞した種目の数が多いほど合計得点は高くなるのかな。
花子：1位、2位、3位に与える点数がわかれば、4校それぞれの合計得点もわかるね。
次郎：みんなで調べてみよう。

表1　各中学校の受賞状況

受賞状況　　　　　　　　　学校名		A中学校	B中学校	C中学校	D中学校
受賞した種目の数	1位　（個）	2	1	3	
	2位　（個）	1	2	0	
	3位　（個）	3	6	4	
	合計　（個）	6	9	7	
受賞した種目の合計得点　（点）					

(1)　1種目ごとに、1位には5点、2位には3点、3位には1点を与えることとします。D中学校の合計得点が18点になるとき、合計得点の高い順に学校名をアルファベットで書きなさい。

(2)　(1)と同じように、1種目ごとに、1位には5点、2位には3点、3位には1点を与えることとします。D中学校の受賞した種目の数が、1位が1個、合計が8個、合計得点が18点になるとき、D中学校の受賞した2位と3位の数をそれぞれ求めなさい。

(3)　次郎さんは、1位、2位、3位に与える点数によって、2校の合計得点が等しくなる場合があることに気づきました。ただし、点数は1位、2位、3位の順に低くなるものとします。このとき、下の【　ア　】【　イ　】に当てはまる数をそれぞれ1つ書きなさい。

次郎さんの考え

　1種目ごとに、1位には【　ア　】点、2位には【　イ　】点、3位には1点を与えるとB中学校とC中学校の合計得点は等しくなる。

－ 2 －

問3　太郎さんは、陸上競技場の前の広場にあるかべに、図1のように丸石が規則的に並んでいる模様を見つけました。

図1

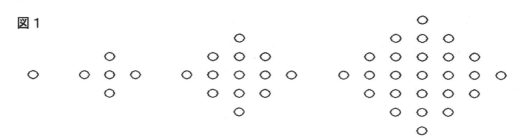

　　そこで、太郎さんは、おはじきを使って規則的に並んだ模様について考えることにしました。あとの(1)〜(3)に答えなさい。

(1)　太郎さんは、実際に並べて調べるために、おはじきを買いに行くことにしました。おはじき20個の定価は185円です。なお、消費税は定価にふくまれているものとします。100個以上買うと定価の15％引きとなります。120個買うといくらになるか答えなさい。ただし、解答用紙には計算式と、小数第1位を四捨五入して答えを書きなさい。

(2)　太郎さんは、おはじきの置き方の様子を図2のように1番目から4番目として表しました。このとき、6番目に置くおはじきの数は全部で何個になるか書きなさい。

図2

1番目　　　　2番目　　　　　　3番目　　　　　　　　　4番目

(3)　太郎さんは、図2の置き方で、色を変えて下の図3のようにおはじきを置いていきます。ただし、おはじきの白色を〇、黒色を●として、10番目のときの、白色と黒色のおはじきの数は、どちらがどれだけ多いか求めなさい。

図3

1番目　　　　2番目　　　　　　3番目　　　　　　　　　4番目

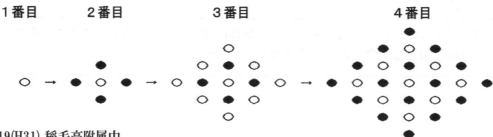

問4　太郎さんは、おはじきの置き方の対称性<ruby>たいしょうせい</ruby>から、対称な図形についても調べてみることにしました。下の図1は正六角形ＡＢＣＤＥＦです。あとの(1)(2)に答えなさい。

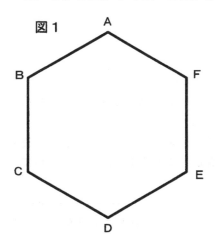

図1

(1)　正六角形ＡＢＣＤＥＦは点対称な図形です。対称の中心を見つけ、解答用紙の図に対称の中心がわかるように点でかきなさい。ただし、対称の中心を見つけるための補助<ruby>ほじょ</ruby>の線は消さずに残しなさい。

(2)　図2のように、対角線ＡＣと対角線ＢＦの交わった点をＰとします。また、点Ｐから点Ｄに直線を引きます。このとき、三角形ＡＢＰの面積は三角形ＣＤＰの面積の何倍になるか答えなさい。

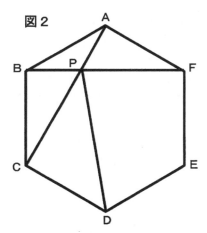

図2

2 あきらさんはお兄さんの通う稲毛高等学校附属中学校の文化祭に行って、お兄さんに校内を案内してもらいました。

あ き ら：学校のグラウンドは広いね。あのアルファベットの「H」の形をした高い棒は何だろう。

お兄さん：あれはラグビーのゴールポストだよ。

あ き ら：3年生の時、理科の授業でグラウンドに1mの棒を立てて、棒のかげのでき方について学んだけれど、ラグビーのゴールポストで調べてみたらおもしろそうだな。

あきらさんはかげのでき方を考えるために、下の資料を集めました。資料をよく見て、あとの問いに答えなさい。なお、ゴールポストは、資料2にあるように校舎に平行に設置してあります。

資料1　6月21日、9月23日の太陽方位、太陽高度、1mの棒がつくるかげの長さ

6月21日

時刻	太陽方位 （度）	太陽高度 （度）	1mの棒がつくる かげの長さ(m)
8時	88.5	41.0	1.15
9時	98.0	53.1	0.75
10時	112.1	64.9	0.47
11時	140.8	74.9	0.27
12時	199.5	77.2	0.23
13時	239.7	69.1	0.38
14時	257.4	57.7	0.63
15時	268.1	45.6	0.98
16時	276.5	33.5	1.51

9月23日

時刻	太陽方位 （度）	太陽高度 （度）	1mの棒がつくる かげの長さ(m)
8時	113.6	29.3	1.78
9時	126.6	39.8	1.20
10時	143.8	48.4	0.89
11時	166.3	53.6	0.74
12時	191.8	53.8	0.73
13時	214.7	48.9	0.87
14時	232.2	40.5	1.17
15時	245.4	30.0	1.73
16時	256.0	18.5	2.99

（国立天文台ホームページより作成）

※太陽方位：太陽のある方角を、北を0度として東回りにはかった角度

※太陽高度：観測者から見たときに、太陽と水平な地上が作る角度

資料2　学校の平面図とその方位を示す方位磁針

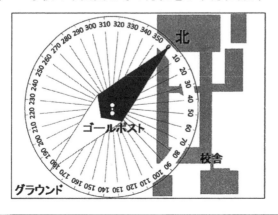

資料3　ラグビーのゴールポストを校舎側から見たときの写真

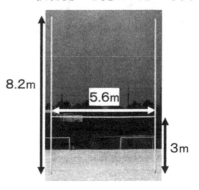

平成 31 年度　適性検査 I　解答用紙

問一　1

| 受検番号 |
| 氏　名 |
| 得　点 |

（配点非公表）

問二

②	①

15

問三

（　）
⑦ 文化や歴史を学ぶ

（　）
⑦ 外国を旅行する

（　）
⑦ ボランティア活動をする

（　）に丸を記入しなさい。

100字
80字

Ⓚ 教英出版

【解答

受検番号		氏名		得点	

(配点非公表)

2

問1

問2 かげが重なる時刻 　　　　　　　　柱1本のかげの長さ

問3 あ 　　　　　い

問4

A				C
①				①
⑥				⑥
B				D

問5 あ 　実験 　　　と、実験 　　　と、実験

い

問6 　　　　cm

1

問1（1）

（2）　次郎さん　　　　　　　　　　　花子さん

　　　　　　　　　　　　　m　　　　　　　　　　　　　　m

問2（1）

中学校→　　　　　中学校→　　　　　中学校→　　　　　中学校

（2）

2位　　　　　　　個　　　3位　　　　　　　個

（3）

【ア】　　　　　　　　　【イ】

問3（1）

計算式　　　　　　　　　　　　　　　　　　　　　　答　　　　　　　　円

（2）

個

（3）

色が　　　　　　　　個多い

問4（1）

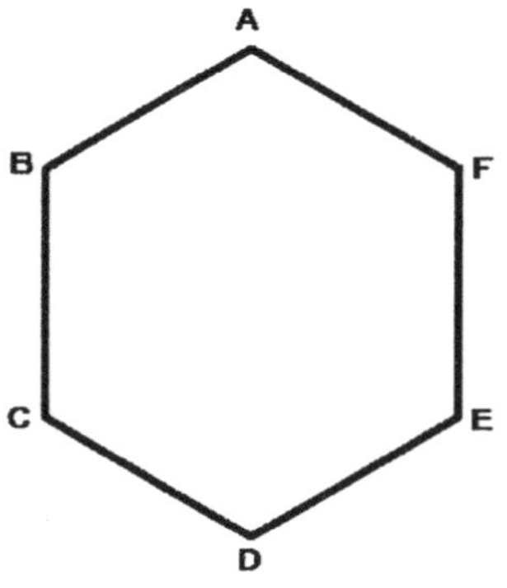

A
B　　　　　　F
C　　　　　　E
D

（2）

倍

K 教英出版

【解答用

2

問1　（1）

（2）

問2

問3

問4　ⓑ

ⓒ　　　　　　　　（完答）

問5

（配点非公表）

受検番号		氏名	

千葉市立稲毛高等学校附属中学校

2 の解答らんは裏にあります。裏の受検番号・氏名らんも記入すること。

14
行

12
行

【解答

(1) 会話中の（　ⓐ　）にあてはまる国・地域はどの大陸にあるか、資料２のＡ～Ｆの中から１つ選び、記号で書きなさい。

(2) 2013年から2015年で日本食レストランの店舗数が２倍以上に増えている国と地域の中で、最も赤道に近いのはどこか、資料１の中から１つ選び、書きなさい。

問２　会話中の下線部②について、資料３を見て、最も適当な文を下のア～エの中から１つ選び、記号で書きなさい。

資料３　都道府県別しょう油の出荷量と入荷量（一部抜粋）　　　　単位：ｋＬ（しょう油）、万人（人口）

出荷元（人口）＼出荷先	北海道	青森	岩手	宮城	秋田	山形	福島	茨城	栃木	群馬	埼玉	千葉	東京	神奈川
北海道(532)	15,365	0	35	1,597	0	0	0	6	0	0	0	0	397	0
青森(128)	1,539	2,636	1,368	1,711	207	0	0	1	2	1	7	8	9,027	7
岩手(126)	0	31	2,061	146	12	0	1	11	0	0	9	3	25	1
宮城(232)	0	0	111	1,986	0	64	6	2	9	0	0	6	5	2
秋田(100)	3	36	32	101	2,241	28	1	1	0		5	4	32	9
山形(110)	1	0	0	27	32	2,465	1	3	0	1	2	0	10	4
福島(188)	0	15	32	272	26	171	1,257	26	22	13	147	210	25	28
茨城(289)	5	0	64	16	2	1	120	1,191	127	159	117	282	481	37
栃木(196)	45	5	2	96	4	0	52	18	612	65	248	69	337	39
群馬(196)	348	253	185	530	434	857	1,147	1,741	10,182	7,313	5,002	1,151	1,711	1,166
埼玉(731)	4	0	20	8	0	2	2	96	5	593	1,517	175	782	61
千葉(625)	7,081	1,532	2,075	4,882	1,182	2,236	3,863	17,490	11,416	10,133	38,316	28,420	24,210	25,297
東京(1,372)	0	0	0	0	0	0	0	0	0	1	11	21	372	47
神奈川(916)	0	0	0	0	0	0	0	0	0	0	0	0	43	71

（「しょう油の統計資料」（しょうゆ情報センター）及び都道府県人口の推計値（総務省統計局）より作成）
※データは平成28年の数値

ア　人口が500万人以上の都道府県では、それ以外の都道府県と比べて出入荷量が多い。
イ　どの都道府県も、他の都道県に出荷する量よりも同じ都道府県内に出荷する量が多い。
ウ　東京都に出荷されるしょう油は、千葉県の次に青森県から多く出荷されている。
エ　福島県や神奈川県からは東北地方の県にしか出荷されていない。

問3　会話中の下線部③の根拠となる資料を集める方法として最もふさわしいものを、下のア～エの中から1つ選び、記号で書きなさい。

　　ア　千葉市内にある小学校の今月の献立表を集め、パンが出てくる回数を学校ごとに集計する。
　　イ　図書館で見つけた50年前に出版された料理の本を読んで、実際に作って食べる。
　　ウ　近くのスーパーマーケットで買い物客に聞き取り調査を行い、その日の献立の内容を聞く。
　　エ　10年ごとの家庭の食費の内訳を見て、米、パン、魚、肉などの購入金額の変化を調べる。

問4　会話中の（　④　）には次の文が入ります。（　ⓑ　）、（　ⓒ　）の内容としてふさわしいものを、あとの選択肢の中からⓑは1つ、ⓒは2つ選び、記号で書きなさい。

> 家庭で使うしょう油は減り、企業が使うしょう油は増えていたので、資料4を見て考えると、（　ⓑ　）のではなく、（　ⓒ　）からだという別の理由を考えました。

資料4　1か月の食費の内訳（2人以上の世帯）

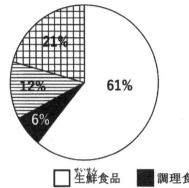
1984年　総額　72,962円

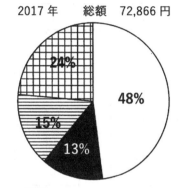
2017年　総額　72,866円

□ 生鮮食品　■ 調理食品　▤ 外食　⊞ その他

（注1）生鮮食品とは、穀類（米、小麦など）・魚介類・肉類・乳卵類・野菜海藻類・菓物類のこと。
（注2）調理食品とは、お弁当やお惣菜、冷凍食品、チルド食品、レトルトパウチ食品などを含む。
（注3）外食には、学校給食の支出は含まれない。

（「家計調査結果」（総務省統計局）より作成　）

ⓑの選択肢（1つ選択する）
　ア　家庭で調理する
　イ　調理食品を購入する
　ウ　外食をする

ⓒの選択肢（2つ選択する）
　エ　家庭で調理することが増えた
　オ　調理食品を購入することが増えた
　カ　外食をすることが増えた
　キ　家庭で調理することが減った
　ク　調理食品を購入することが減った
　ケ　外食をすることが減った

問5　会話中の下線部⑤について、千花さんはその理由を考え下の図にまとめました。図中の⑩にあてはまる文として最もふさわしいものを、下のア〜エの中から１つ選び、記号で書きなさい。

図　海外へのしょう油の輸出量が増加する理由

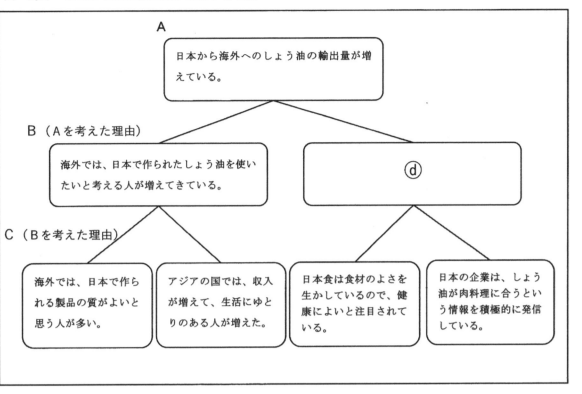

ア　日本で食生活が洋風化してきているため、しょう油の消費量が年々減少している。

イ　日本だけではなく多くの国々で、しょう油を使って調理をするようになってきている。

ウ　地球環境を保護するため、国境を越えた話し合いや取組が行われている。

エ　日本食には、だしのうまみや素材のよさを生かす伝統的な調理方法がある。

Ⓚ 教英出版

K 教英出版

平成 30 年度 適性検査 Ⅰ

注意

1　**受検番号と氏名**を問題用紙と解答用紙の決められたらんに記入しなさい。
2　問題は 1 ～ 2 までで、全部で 8 ページあります。
3　検査時間は 45 分間で、終わりは**午前 10 時 25 分**です。
4　声を出して読んではいけません。
5　答えはすべて解答用紙に記入し、**問題用紙と解答用紙を提出しなさい。**
6　答えを直すときは、きれいに消してから、新しい答えを書きなさい。
7　**問題用紙と解答用紙は切ったり、折ったりしてはいけません。**

受 検 番 号	氏　　　名

千葉市立稲毛高等学校附属中学校

1 二〇二〇年には東京でオリンピック・パラリンピックが開かれます。そのうちオリンピックについて調べてみると、環境を守る活動を行っていることがわかりました。

A オリンピックと環境

　一九九五（平成七）年から、オリンピックの主な活動として「スポーツ」「文化」に加えて「環境」が入りました。オリンピックと「環境」は、どのような関係があるのでしょう。

【オリンピックと環境を守る活動】

　環境を守らなければ、将来、スポーツを楽しむことができなくなるかもしれません。

　例えば、⑦温暖化によって海面が上昇し砂浜が減ってビーチバレーができなくなったり、雪が減ってスキーやスノーボードができなくなったりする恐れがあります。また、スポーツを行う競技場を建設するための⑦森林の※伐採や、競技場で出される⑦大量のゴミが環境に影響を与えることがあります。

　そこで、国際オリンピック委員会（IOC）は一九九五年、積極的に環境問題に取り組むとオリンピック※憲章に明記しました。これを受けて、日本オリンピック委員会（JOC）は、スポーツを楽しむ環境を守るため「スポーツ環境専門部会」を設置し、オリンピック選手を通じて環境を守るようメッセージを伝えたり、競技会場にポスターや※横断幕を掲示したりするなど、①環境を大切にするように呼びかける活動を進めています。

（東京都教育委員会「オリンピック・パラリンピック学習読本　小学校編」より

問題作成のため一部改編）

※伐採・・・・山や森の竹・木などを切りとること。

※憲章・・・・重要な決まり。

※横断幕・・・標語や主張などを書いた横長の幕。

　そこで、環境に関する取組を調べてみると、**B**のような取組があることを知り、他にも**C**の資料を見つけました。

　Aから**C**の資料を読んで、あとの問いに答えなさい。

（東京都消費生活総合センター編「中学生と消費者」2002年より）

図の中の語句の読み方

街並（まちなみ）
販売（はんばい）
押します（おします）
戻す（もどす）
袋（ふくろ）
頑張って（がんばって）
包装材（ほうそうざい）

C エネルギーや資源の※浪費は、都市部だけの問題ではなく、地球※規模の※深刻な問題をも引き起こしています。それは、地球の温暖化という問題です。石油や石炭を使うと、必ずはい気ガスとして二酸化炭素が出ます。この二酸化炭素が地球を温めているようなのです。このまま大気中の二酸化炭素のう度が増え続けていけば、二十一世紀の前半には気温が地球全体で一度ほど上がり、二十一世紀の半ばから末にかけては、一二三度も上がってしまうことになるかもしれません。大気中の二酸化炭素のう度の増加は、石油や石炭などの燃料の消費が増えることによるだけでなく、二酸化炭素を吸収してくれる森林の木が切りたおされ、森林がなくなっていくということとも関係しているようです。

本当にかしこくエネルギーを使うには、もっと大きく社会全体が変わっていく必要があります。日本では、東京などの巨大な消費地に人や産業が集中するので、生活や生産に必要な物を地方から運んでくることになります。そこで、輸送に大変なエネルギーがかかります。もっと各地域に産業が※分散し、野菜や魚だけでなく、工業製品も、なるべく自分の地域で生産された物をその土地で利用するようになれば、ずっとむだのない社会になるでしょう。

また、現在の※経済では、消費が増えることが喜ばれます。これは、一台の車を何年も使うよりも、毎年買いかえるほうが、経済が活発になるという考え方です。しかし、それはエネルギーや資源の面では大変なむだです。何十年も乗れる車を作ることは可能です。これからは「使い捨て文化」から「長持ち文化」に変わっていくべきだと思います。このようなことを実現するには、社会全体の努力が必要です。エネルギーのむだを省き、資源を節約して余分なよごれを減らすということが、住みよい平和な社会のためにどうしても必要だと、みんなが自覚したとき、社会のしくみが変わるでしょう。

わたしたちがかしこいエネルギーの利用者になるために、もう一つ必要なことがあります。それは、ごみとうまく付き合うことです。つまり、ごみをリサイクル（再利用）して、捨てるごみの量を減らすのです。ごみ収集車に出す前に、空きかん・空きびん・生ごみ・プラスチック……などに分け、それぞれの業者にわたるようにして、できる限り※再生するのです。中でも、今どうしても実現したいのは、紙のリサイクルです。都市生活のごみの約四十パーセントは紙だと言われます。森林資源を守るためにも、どうしてもそれが必要です。

そして最後に、あなたたちに考えてもらいたいのは、豊かさとは何か、ということです。

エネルギーの必要度は、結局、どのような②豊かさを求めるかで決まってきます。物が多ければ豊かというわけではないことは、もう言うまでもないでしょう。

－ 3 －

（学校図書　小学校国語　六年下　平成十七年度発行「エネルギー消費社会」　高木仁三郎　著より

問題作成のため一部改編）

※ろう費・・・むだづかい。
※規模・・・・物事のしくみ・しくみの大きさ。
※深刻・・・・重大な様子。
※分散・・・・ばらばらに別れること。
※経済・・・・人間が社会生活の中で、物やお金を手に入れたり、使ったりする働き。
※再生・・・・使えなくなったものを使えるように作り直すこと。

問一　資料A「オリンピックと環境」について、次の【書くときの決まり】にしたがって百十字以上百二十字以内で要約しなさい。

【書くときの決まり】

1　解答用紙の一マス目から書くこと。

2　句点（。）読点（、）かぎかっこ（「」）もすべて一字として考えること。

3　文体は常体で書くこと。

問二　あなたは二〇二〇年のオリンピック・パラリンピックに向けて、ボランティアとして、A①「環境を大切にするように呼びかける活動」を行うことになりました。
あなたは⑦「温暖化」、①「森林の伐採」、⑦「大量のごみ」のどの問題について呼びかけますか。あなたの考えるC②「豊かさ」と関連させて答えなさい。取り上げた問題がわかるように解答用紙の表に丸をつけ、資料A・B・Cをもとに、次の【書くときの決まり】にしたがって、十三行以上十五行以内で書きなさい。

【書くときの決まり】

1　原稿用紙の使い方にしたがって一行目から書くこと。

2　句点（。）読点（、）かぎかっこ（「」）もすべて一字として考えること。ただし、原稿用紙の使い方にしたがうこと。

3　文体は常体で書くこと。

4　二段落構成で書くこと。

5　一段落目は「オリンピック・パラリンピックに向けて」という書き出しにすること。
一段落目は選んだ問題について、B・Cの資料から考えた具体的な活動内容を書くこと。

6　二段落目で、あなたが考えるC②「豊かさ」について、一段落の内容と関連させて書きなさい。あなたの体験や知識を交え、「豊かさ」という言葉を必ず使って書くこと。

2　千花さんと良夫さんは、夏休みに書いた自由研究のレポートについて話をしました。

> 千花：わたしは、夏休みの自由研究のテーマを決めるために、千葉県内の有名な場所に出かけました。その中で8月の初めに幕張の浜で行われている花火大会「幕張ビーチ花火フェスタ」に行き、次々と打ち上げられる花火に感動しました。
>
> 良夫：30万人以上の人が来場し、一万発以上の花火が打ち上げられるそうですね。
>
> 千花：本当にきれいな花火でした。こんなに感動する花火大会がほかの県にもあるのかと興味をもち、夏休みの自由研究は花火大会をテーマにした①レポートを書きました。
>
> 良夫：そうなのですね。わたしは千葉県で盛んな②漁業についてレポートをまとめました。③水あげ量で全国1位の漁港は、千葉県の銚子漁港でした。でも不思議なことに、水あげ金額は全国1位ではないのです。
>
> 千花：ぜひ、その理由が知りたいです。

問1　文章中①について、千花さんは、あとの資料1〜4をもとにして、次のようにレポートをまとめました。レポートを読んで、あとの(1)(2)(3)に答えなさい。

> 　わたしは、まず、花火大会が盛んな地域に注目し、花火大会別の観客来場者数と都道府県別の花火大会観客来場者数について調べた。花火大会の観客来場者数が合計100万人を超えている都道府県は全部で（　ⓐ　）つあることが、花火大会に関するあとの資料（　ⓑ　）からわかった。その中では（　ⓒ　）が最も人口が少ない。どうして（　ⓒ　）で花火が盛んなのか。花火の歴史から理由を調査することにした。
>
> 　図書館で調べたところ、日本で打ち上げ花火が盛んになったのは、1733年に始まった両国花火大会であった。幕張ビーチ花火フェスタへ一緒に行った祖父は、花火が打ち上がるたびに「たまやー」とか「かぎやー」と声をあげていた。そのかけ声の由来になるのが両国花火だそうで、地図や浮世絵から判断すると、現在は（　ⓓ　）という名称で有名な花火大会だということがわかった。
>
> 　花火に詳しい方へのインタビュー調査では、花火は江戸時代の将軍徳川家康の地元（現在の静岡県や隣の愛知県）で盛んになり、川を伝って北に広がったそうだ。花火の材料は火薬と接着剤。当時、火薬は稲のもみ殻と混ぜて作り、接着剤は米のでんぷんを利用した和のりを使っていたそうだ。これらの事実は、（　ⓒ　）で花火が盛んな理由の一つといえるのではないか。
>
> 　歴史的な理由だけでなく、現代に基づく理由があるかもしれない。そのように考え、今後さまざまな資料を用意して（　ⓒ　）で花火が盛んな理由の調査を続けていきたいと思っている。

(1)　レポート中ⓐとⓑにあてはまる数字を書きなさい。

(2)　レポート中ⓒにあてはまる都道府県について、次のア〜コの中から1つ選び、記号で書きなさい。

　　　ア　東京都　　イ　愛知県　　ウ　山口県　　エ　秋田県　　オ　新潟県
　　　カ　栃木県　　キ　大阪府　　ク　山形県　　ケ　福岡県　　コ　茨城県

(3)　レポート中ⓓにあてはまるのは、何という花火大会か。資料1の中から1つ選び、順位のらんの数字で書きなさい。

K 教英出版

問4　あきらさんは、コウモリが鳥と同じように空を飛ぶことができることから、それぞ
　　れの翼（つばさ）の部分について、骨の様子を比べてみました。
　　　　鳥やコウモリにおいて、人のひじにあたる関節はどこですか。図のア～クから1つ
　　ずつ選び、記号で書きなさい。

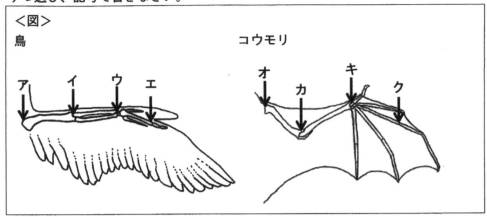

＜図＞
鳥　　　　　　　　　　　コウモリ

ア　イ　ウ　エ　　　　オ　カ　キ　ク

問5　ある種のコウモリは※超音波（ちょう）を出しながら飛んで、こん虫をつかまえます。超音波
　　がこん虫にあたると、こだまのように音がはね返ってくるので、それを聞くことで、
　　暗やみの中でもこん虫をつかまえることができます（右図）。
　　　　コウモリが夜、こん虫をつかまえるときに、「見るの
　　ではなく、出した超音波のはね返りを受け取っているこ
　　と」を確かめるためには、3つの実験が必要です。
　　　　1つ目は「目と耳の両方をふさいだコウモリがこん虫
　　をつかまえられるかを調べる。その結果、つかまえるこ
　　とができない」というものです。
　　　　あと2つはどのような実験をして、どのような結果に
　　なりますか。1つ目の実験にならって、書きなさい。

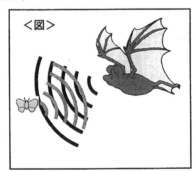

＜図＞

　　※超音波：人間の耳には聞こえないとても高い音

あきら：鍾乳洞にはコウモリがいたね。何を食べているのかな。

父：コウモリはこん虫を食べているんだよ。日の入り前後の時間にすみかから出て、探しに行くんだ。

あきら：日の入りまで、あと５０分くらいだね。あ、月が出ているよ。

父：今、月はだいたい真南にあるね。月があるから、日がしずんでも明るそうだね。

あきら：月の光がない日は、コウモリは暗くてもこん虫がとれるのかな。

父：コウモリはこん虫を探すために特別な能力があるから大丈夫なんだよ。

あきら：……あっ、コウモリだ！

問3 下の資料は、群馬県の７月２４日から８月１３日までの日の入り時刻、月の出時刻、月の入り時刻、月の形をまとめたものです。あとの（1）（2）に答えなさい。

＜資料＞

	7月24日	7月25日	7月26日	7月27日	7月28日	7月29日	7月30日
日の入り時刻	19:02	19:02	19:01	19:00	18:59	18:58	18:58
月の出時刻	5:20	6:27	7:33	8:37	9:38	10:37	11:34
月の入り時刻	19:37	20:21	21:00	21:35	22:08	22:41	23:14
月の形							

	7月31日	8月1日	8月2日	8月3日	8月4日	8月5日	8月6日
日の入り時刻	18:57	18:56	18:55	18:54	18:53	18:52	18:51
月の出時刻	12:30	13:24	14:18	15:11	16:01	16:50	17:35
月の入り時刻	23:47	―（※）	0:23	1:02	1:45	2:31	3:21
月の形							

	8月7日	8月8日	8月9日	8月10日	8月11日	8月12日	8月13日
日の入り時刻	18:50	18:49	18:48	18:47	18:45	18:44	18:43
月の出時刻	18:18	18:57	19:34	20:10	20:44	21:19	21:55
月の入り時刻	4:15	5:11	6:10	7:09	8:10	9:12	10:15
月の形							

（※）８月１日にのぼる月は、８月２日の０：２３にしずむので書いていません。

（国立天文台ホームページより作成）

（1）　あきらさんとお父さんが会話をしているのは何月何日ですか。会話文と資料から考えて、数字で書きなさい。

（2）　この会話から１週間後に観察に行ったとき、日の入り時刻に見える月は、どんな形の月でどの方角に見えますか。方角は解答らんの□の中から１か所選び、その中に、月の形を書きなさい。

－ 7 －

Ｋ 教英出版

次の日にあきらさんはお父さんと、祖母の家の近くの鍾乳洞（しょうにゅうどう）を訪（おとず）れました。

あきら：鍾乳洞ってどうやってできるの？
　　父：鍾乳洞は雨水が岩や地面の下の岩石を溶かしていくことでできるんだ。
あきら：雨水が岩や地面の下の岩石を溶かすことができるの？
　　父：雨水が地面にしみこんでいくときに、土の中にある二酸化炭素が水に含まれていくんだよ。この二酸化炭素を含んだ雨水には岩石を溶かすはたらきがあるんだ。
あきら：ふうん。二酸化炭素が入っただけなのにすごいんだね。
　　父：そうだね。鍾乳洞をつくっている岩石や、この辺りの地面の下には石灰岩があるんだ。石灰岩は二酸化炭素が含まれる水に溶ける性質があるんだよ。
あきら：石灰岩って、どんな岩石なの？
　　父：石灰岩は炭酸カルシウムという物質が主成分で、サンゴなどの死がいがもとになってできているんだよ。石灰岩は生物の死がいが積み重なってできた岩石なんだ。
あきら：じゃあ、この鍾乳洞も大昔の生物がかかわっているんだね。

問2　あきらさんは、下線部のような鍾乳洞のでき方を身近な物質を使って確かめる実験を行いました。用意した材料は、以下のとおりです。「物質のグループ」と「液体のグループ」の中から適切な組み合わせとなるものをそれぞれ１つずつ選び、記号で書きなさい。

≪　物質のグループ　≫

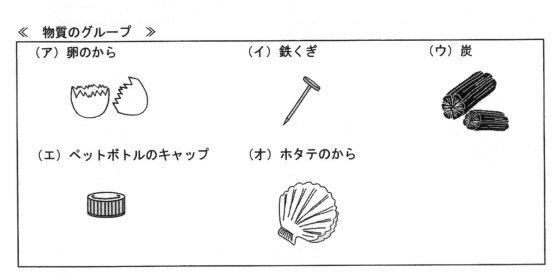

（ア）卵のから　　　　　　　（イ）鉄くぎ　　　　　　　（ウ）炭

（エ）ペットボトルのキャップ　　　（オ）ホタテのから

≪　液体のグループ　≫

| （カ）食塩水 | （キ）石灰水 | （ク）酢 | （ケ）さとう水 | （コ）レモンのしる |

K教英出版

平成 30 年度　適性検査Ⅱ

注意

1　**受検番号と氏名**を問題用紙と解答用紙の決められたらんに記入しなさい。

2　問題は 1 〜 2 までで、全部で 8 ページあります。

3　検査時間は 45 分間で、終わりは**午前 11 時 40 分**です。

4　声を出して読んではいけません。

5　答えはすべて解答用紙に記入し、**解答用紙だけを提出しなさい。**

6　答えを直すときは、きれいに消してから、新しい答えを書きなさい。

7　**問題用紙と解答用紙は切ったり、折ったりしてはいけません。**

受 検 番 号	氏 　 名

千葉市立稲毛高等学校附属中学校

1　太郎さんの小学校は、校外学習で水族館に行きます。次の問いに答えなさい。

問1　太郎さんの学校から水族館までは６０kmの道のりがあり、バスを使って向かいます。水族館に向かう途中、２０分間のトイレ休けいを１回とりました。下の表１は、学校を出発してからの時間と進んだ道のりの関係を表したものです。このとき、あとの(1)(2)(3)に答えなさい。ただし、バスの速さは一定とします。

表1　学校を出発してからの時間と進んだ道のり

時間(分)	0	10	20	30	40	50	60	70	80	90	100	110	120
進んだ道のり(km)	0	6	12	18	24	30	30	30	36	42	48	54	60

(1)　休けい場所は学校から何km進んだところですか。
(2)　休けい場所までのバスの速さは時速何kmですか。
(3)　休けい場所を出発した後、太郎さんは「水族館まであと１０km」と書かれた看板を見つけました。太郎さんが乗ったバスは、休けい場所を出発してから何分後にこの看板を通り過ぎましたか。分数で答えなさい。ただし、バスの長さは考えないものとします。

問2　下の表２は、水族館の入場料金表で、個人で入場料を支払う場合、大人１人１４００円、子ども１人７００円となっています。また、５人以上２９人までの団体では大人１人分の入場料が１２００円、子ども１人分の入場料が６００円となり、個人で入場料を支払うよりも安くなります。
　　太郎さんは、水族館が開館した１０時から１１時までの１時間で、入場者について調べたところ、個人料金で入場した人と団体料金で入場した人がいることがわかりました。入場した団体は、Ａ小学校、Ｂ中学校、Ｃ高校の３つでした。このとき、あとの(1)(2)(3)に答えなさい。

表2　入場料金表

水族館　　入場料金			
	個　人	団　体	
		５～２９人	３０人以上
大人（高校生含む）	１４００円	１２００円	１０００円
子ども（４歳～中学生）	７００円	６００円	５００円

＊３歳までは無料です。

(1)　Ａ小学校の児童は２５人です。児童の入場料を料金表の団体の金額で支払う場合、個人で支払う入場料の何％引きになりますか。小数第２位を四捨五入して小数第１位まで求め、答えを書きなさい。

－ 1 －

(2)　A小学校は児童２５人、引率の先生３人、B中学校は生徒１００人、引率の先生６
　　人、C高校は生徒１６０人、引率の先生１０人でした。
　　　太郎さんは、これらの３つの団体が支払った入場料の合計を求めるために、表３に
　　整理しています。A小学校は児童２５人、引率の先生３人、合計２８人であることか
　　ら団体料金が適用され、表３のように⑦,⑦の人数が決まります。B中学校とC高校の
　　生徒と引率の先生の人数から、⑰,⑰に入る人数を求めなさい。

表３　太郎さんのメモ

| | | 個 人 | 団 体 | |
			５～２９人	３０人以上
大人（高校生含む）	入場料	１４００円	１２００円	１０００円
	入場者数		⑦　３人	⑰　　人
子ども（４歳～中学生）	入場料	７００円	６００円	５００円
	入場者数		⑦　２５人	⑰　　人

（３）　１０時から１１時までに、個人料金で入場した大人と子どもは合わせて２０人でし
　　た。個人料金で入場した大人と子どもの人数をそれぞれ求めるには、他に何がわかれ
　　ば求められますか。下のア～エの中から１つ選び、記号で書きなさい。

　　　ア　団体料金で入場した人数の合計
　　　イ　入場した人数の合計
　　　ウ　団体料金で入場した人が支払った料金の合計
　　　エ　個人料金で入場した人が支払った料金の合計

－２－

問3 帰りのバスでは、班ごとにくじで決めた順番で1日のふりかえりを発表しました。
太郎さんが引いたくじは正方形の折り紙でつくられていて、色のついた面が外側でした。

図1の正方形ＡＢＣＤの折り紙を、図2のように頂点ＡとＣが重なるように折ると
図3の直角二等辺三角形ＡＢＤができ、次に図4のように頂点ＢとＤが重なるように
折ると、図5の直角二等辺三角形ＡＯＤができます。

太郎さんは、さらに図6のように頂点ＡとＤが重なるように折り、図7のような直
角二等辺三角形ＡＯＰをつくりました。

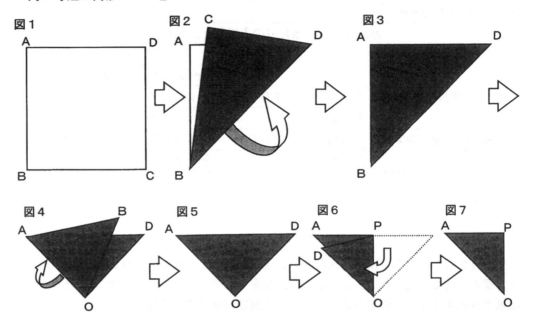

図7のように折り目をつけてから折り紙の内側が見えるように開いたときの折り目
の線はどうなりますか。解答用紙の図に線を加えて、折り目の線を完成させなさい。

ただし、折り紙の折り方で、下の図アのように折り目が外側になるように折ること
を山折り、図イのように折り目が内側になるように折ることを谷折りといいます。山
折りは実線（――――）、谷折りは破線（‥‥‥‥‥）で表しなさい。

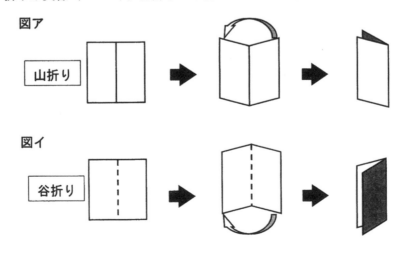

問4　太郎さんはおやつにうすやきポテトを持って行きました。その容器は、図1のように底面の直径が8cm、高さが13cmの円柱でした。あとの(1) (2) (3)に答えなさい。

(1)　図1の円柱の展開図は、1つの四角形と2つの円でかくことができます。太郎さんは実際の長さで図2のように展開図をかきました。このとき、四角形ABCDの辺ADの長さを求めなさい。解答用紙には、答えを求めるための計算式と答えを書きなさい。ただし、円周率は3.14とします。

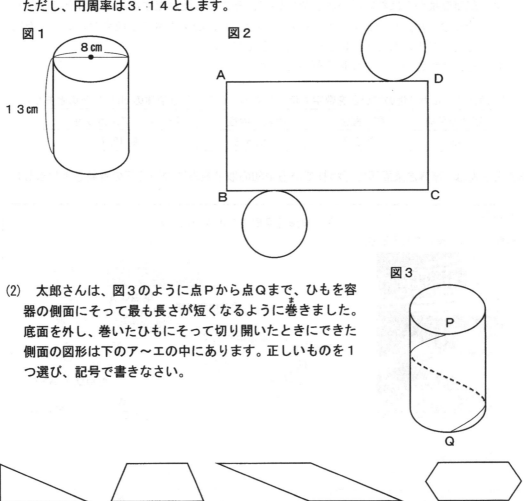

図1

図2

図3

(2)　太郎さんは、図3のように点Pから点Qまで、ひもを容器の側面にそって最も長さが短くなるように巻きました。底面を外し、巻いたひもにそって切り開いたときにできた側面の図形は下のア〜エの中にあります。正しいものを1つ選び、記号で書きなさい。

ア　直角三角形　　　イ　台形　　　　ウ　平行四辺形　　　エ　六角形

(3)　うすやきポテトの容器には「内容量55g」と書いてあります。太郎さんは容器に残っているうすやきポテトを全て取り出して調べたら、その枚数は11枚で、重さはおよそ15gであることがわかりました。この容器には、初め、うすやきポテトが何枚入っていましたか。下のア〜エの中から最も近い枚数を1つ選び、記号で書きなさい。

　　　ア　約30枚　　　　イ　約40枚　　　　ウ　約65枚　　　　エ　約75枚

2 　あきらさんは群馬県にある祖母の家に行き、お父さんと草津温泉の近くの 中和工場に
　行きました。次の会話文を読み、あとの問いに答えなさい。

あきら：お父さん、工場から川に白い水を流しているよ。
　　父：あれは水に石灰を混ぜたものだよ。
あきら：どうして石灰を流しているの。
　　父：草津温泉からは熱い湯がわきでていて、そこから流れだす湯川は、酢とほぼ同じ
　　　　※pHなんだ。そのままだと生物がすめないし、農業用水にも使えないから、石灰
　　　　を流して川の水を中性に近づけているんだよ。
あきら：それはすごいね。くわしく調べてみよう。

※pH：酸性やアルカリ性のていどを数字で示したもの。いろいろな液体のpHは以下のとおり。

液体の名前	酢（酸性）	牛乳（中性）	石灰水（アルカリ性）
pH	約2.7	約6.8	約12.7

あきらさんは、草津温泉周辺で行われている中和の取り組みについて下の資料を集めました。

<資料>

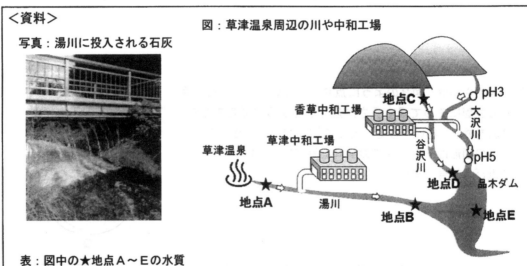

図：草津温泉周辺の川や中和工場

写真：湯川に投入される石灰

表：図中の★地点A〜Eの水質

	4月			7月			12月		
	pH	水温（℃）	水のようす	pH	水温（℃）	水のようす	pH	水温（℃）	水のようす
ア	5.3	13.5	にごっている	5.4	23.3	にごっている	5.0	9.8	にごっている
イ	2.2	32.6	とう明	2.1	34.2	とう明	2.1	31.0	とう明
ウ	5.8	24.2	にごっている	5.8	28.1	にごっている	5.7	20.9	にごっている
エ	3.1	6.3	とう明	3.1	15.0	とう明	3.2	3.3	とう明
オ	6.5	8.2	にごっている	5.9	16.2	にごっている	6.2	4.1	にごっている

（品木ダム水質管理所ホームページより作成）

問1　図の地点Bは、表のア〜オのうちのどれですか。1つ選び、記号で書きなさい。ま
　　　た、それを選んだ理由を上の資料の内容をもとにして2つ書きなさい。

1

問一

問二

（　）
⑦ 温暖化

（　）
⑦ 森林の伐採

（　）
⑨ 大量のごみ

（　）に丸を記入しなさい。

110

120

受検番号

氏　名

得　点

（配点非公表）

平成 30 年度　適性検査Ⅰ　解答用紙　千葉市立稲毛高等学校附属中学校

2　問１　（１）　ⓐ　ⓑ

（２）

（３）

問２　（１）

（２）

（３）

このマスから書き始め、横書きで書きなさい。

										30
										40

受検番号		氏名	

2 問1　地点B　　　　選んだ理由

1つ目の理由

2つ目の理由

問2　物質　　　　　　液体

問3　（1）　　　月　　　日

（2）

地面

東 ←　　　　　　南　　　　　→ 西

問4　鳥　　　　　　コウモリ

問5

2つ目の実験

3つ目の実験

平成30年度　適性検査Ⅱ　解答用紙　千葉市立稲毛高等学校附属中学校

1 問1　（1）

	km

（2）

時速 | | km

（3）

| | 分後

問2　（1）

| | %引き

（2）㋒

| | 人

㋔

| | 人

（3）

| |

問3　A

（図：正方形ABCD、点O、対角線など）

問4　（1）

計算式	答え	cm

（2）

| |

（3）

| |

Ｋ教英出版

【解答用

2 の解答らんは裏にあります。　裏の受検番号・氏名らんも記入すること。

15　　　　　13

【解答用

資料1　花火大会別の観客来場者数（平成27年度）

順位	名称	開催地	来場者（万人）
1	江戸川区花火大会	東京都江戸川区	139
2	天神祭奉納花火	大阪府大阪市	130
3	関門海峡花火大会	山口県下関市 福岡県北九州市	110
4	長岡まつり花火大会	新潟県長岡市	104
5	神宮外苑花火大会	東京都渋谷区	100
6	新潟まつり花火大会	新潟県新潟市	98
7	隅田川花火大会	東京都墨田区	96
8	東京湾大華火祭	東京都中央区	72

「花火産業の成長戦略」（株式会社日本政策投資銀行）より作成

資料2　都道府県別の花火大会観客来場者数上位9都道府県（平成27年度）

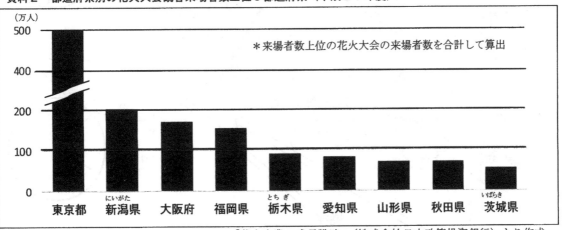

＊来場者数上位の花火大会の来場者数を合計して算出

「花火産業の成長戦略」（株式会社日本政策投資銀行）より作成

資料3　現在の両国付近の地図

国土地理院「地理院地図」より作成

資料4　名所江戸百景　両国花火

歌川広重「名所江戸百景」より作成

問2　千花さんと良夫さんの会話中②に関連した資料5と資料6を見て、あとの(1)(2)(3)に答えなさい。

資料5　日本の主要漁港と水あげ量の魚種別内訳

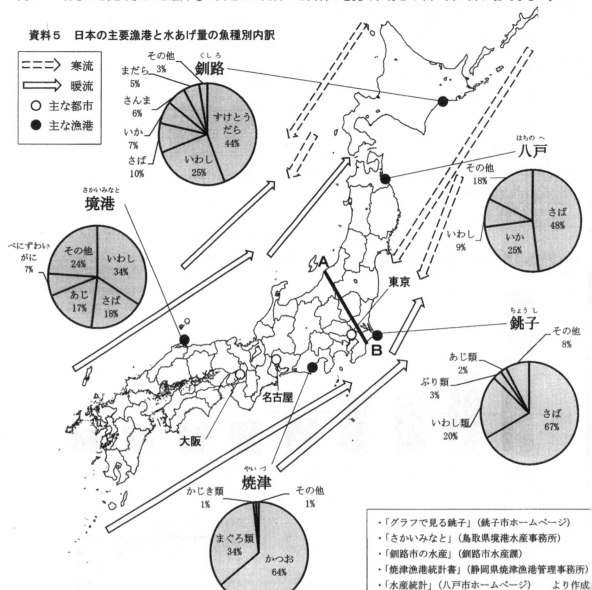

・「グラフで見る銚子」（銚子市ホームページ）
・「さかいみなと」（鳥取県境港水産事務所）
・「釧路市の水産」（釧路市水産課）
・「焼津漁港統計書」（静岡県焼津漁港管理事務所）
・「水産統計」（八戸市ホームページ）　より作成

資料6　平成27年度　全国主要漁港の水あげ量と水あげ金額

順位	漁港名	水あげ量（トン）
1	銚子	219,262
2	焼津	169,007
3	境港	126,203
4	長崎	118,866
5	釧路	114,251
6	八戸	113,359
7	石巻	103,905

順位	漁港名	水あげ金額（億円）
1	焼津	476
2	福岡	422
3	長崎	350
4	根室	248
5	銚子	235
6	気仙沼	213
7	三崎	207

（八戸市ホームページ水産統計より作成）

2018（H30）　市立 稲毛高附属中

Ｋ教英出版

【適

(1) 資料5中にある直線A－Bのおおよその断面図として、最もふさわしいものを次のア～エの中から1つ
選び、記号で書きなさい。

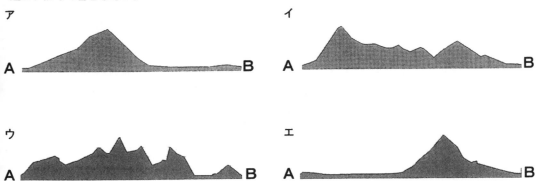

ア
イ
ウ
エ

(2) 銚子漁港に関係した次のア～オの文を読んで、最もふさわしくないものを1つ選び、記号で書きなさい。

ア　すけとうだらは冷たい海に多く生息しているので、銚子漁港ではあまり水あげされない。

イ　水あげ量の順位を水あげ金額の順位と比べると、銚子漁港を含む5つの漁港が順位を落としている。

ウ　水あげ量の魚種別内訳でみると、銚子漁港では遠洋漁業を中心に行っていることがわかる。

エ　東京には大きな市場があり、水あげされた魚を銚子漁港から鮮度をほとんど落とさずに届けられる。

オ　銚子漁港沖では、暖流と寒流がぶつかり合っているので、日本有数の好漁場となっている。

(3) 千花さんと良夫さんの会話中③について、その理由を30字以上40字以内で説明しなさい。ただし、
資料5中の魚の名前を必ず入れて書きなさい。（句点（。）読点（、）もすべて1字として考えること）

Ｋ教英出版

2013年8月 第3版1刷発行

共立出版株式会社

Ｋ教英出版